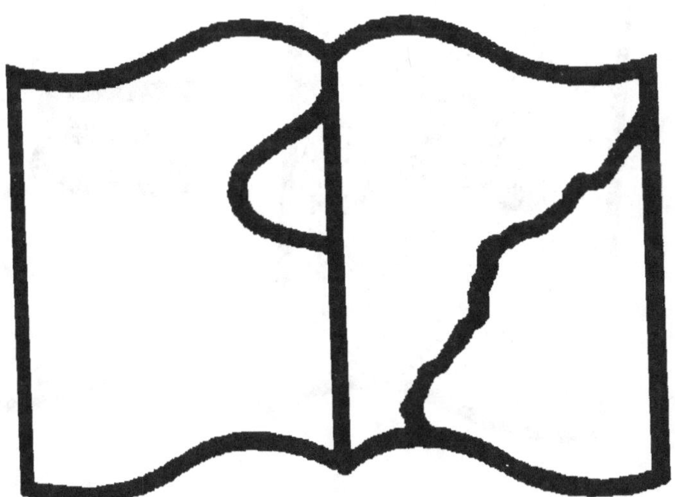

Texte détérioré - reliure défectueuse

NF Z 43-120-11

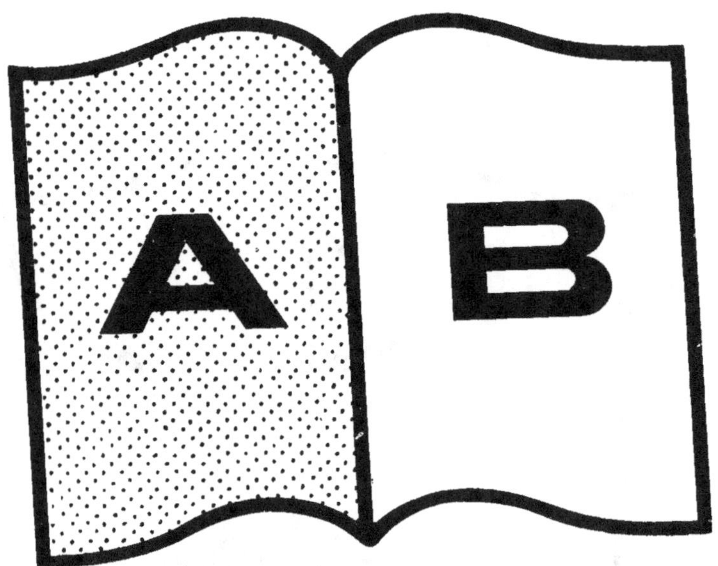

Contraste insuffisant

NF Z 43-120-14

COURS

DE

MATHÉMATIQUES

A L'USAGE DE

L'INGÉNIEUR CIVIL,

PAR J. ADHÉMAR.

———

APPLICATIONS
DE GÉOMÉTRIE DESCRIPTIVE.

———

OMBRES.

TROISIÈME ÉDITION, REVUE ET CORRIGÉE.

———

PARIS.

EUGÈNE LACROIX, Libraire, quai Malaquais, 15.
H. ASSELIN, Libraire, quai des Augustins, 45.
L. HACHETTE ET Cᵉ, Libraires, boulevard Saint-Germain, 77.

Paris. — Imprimé par E. Thunot et Cⁱᵉ rue Racine, 26.

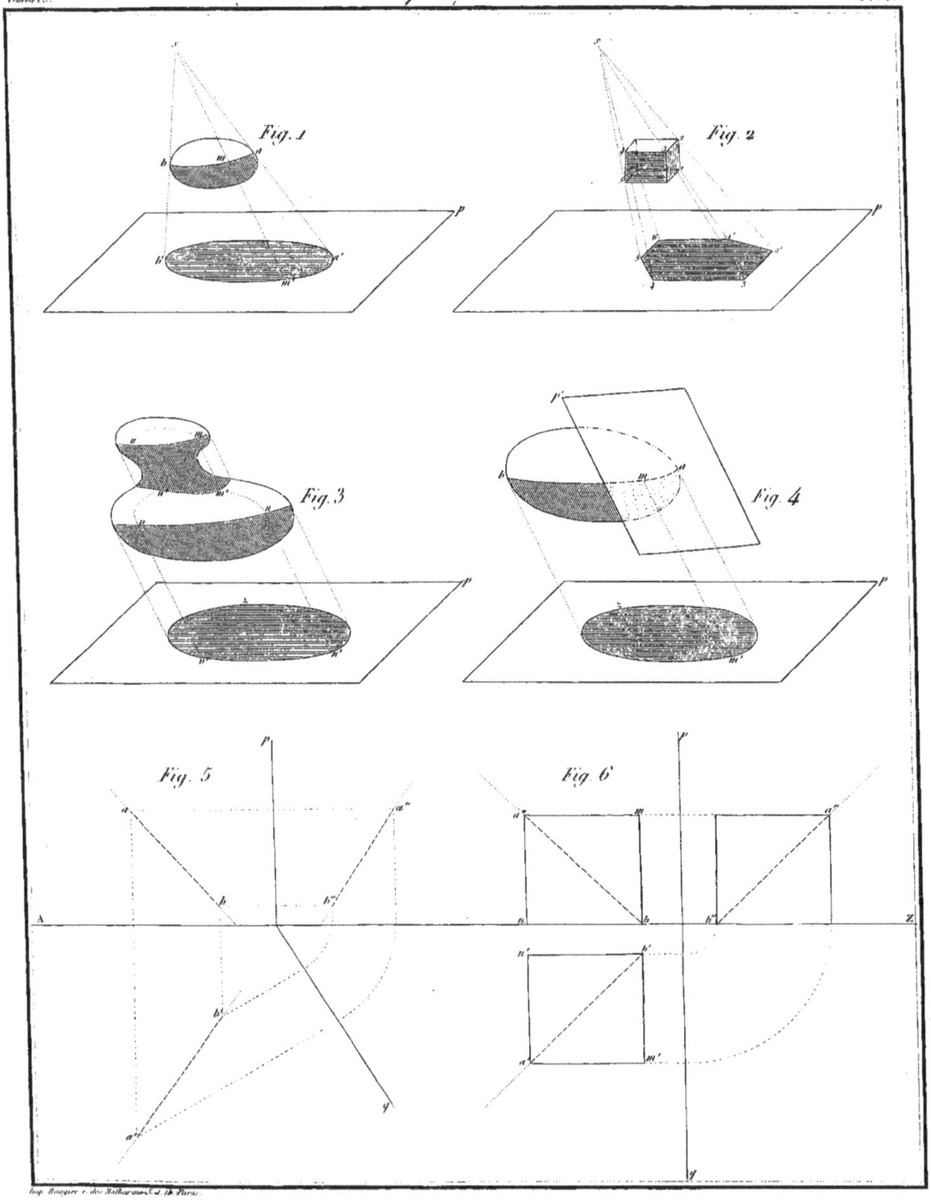

Principe général.

Fig. 1

Fig. 2

Fig. 3

Fig. 4

Fig. 5

Fig. 6

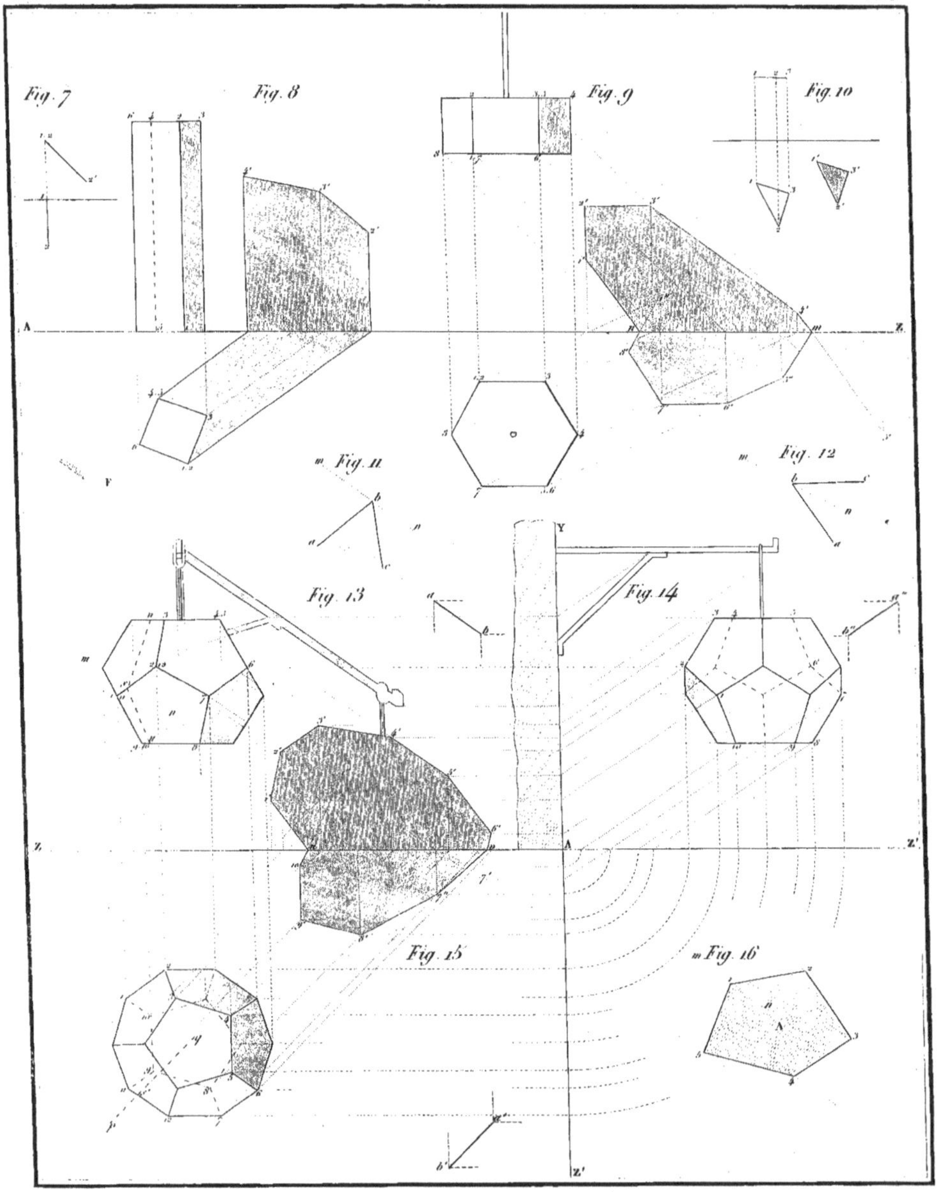

Polyèdres.

Fig. 7.

Fig. 8.

Fig. 9.

Fig. 10.

Fig. 11.

Fig. 12.

Fig. 13.

Fig. 14.

Fig. 15.

Fig. 16.

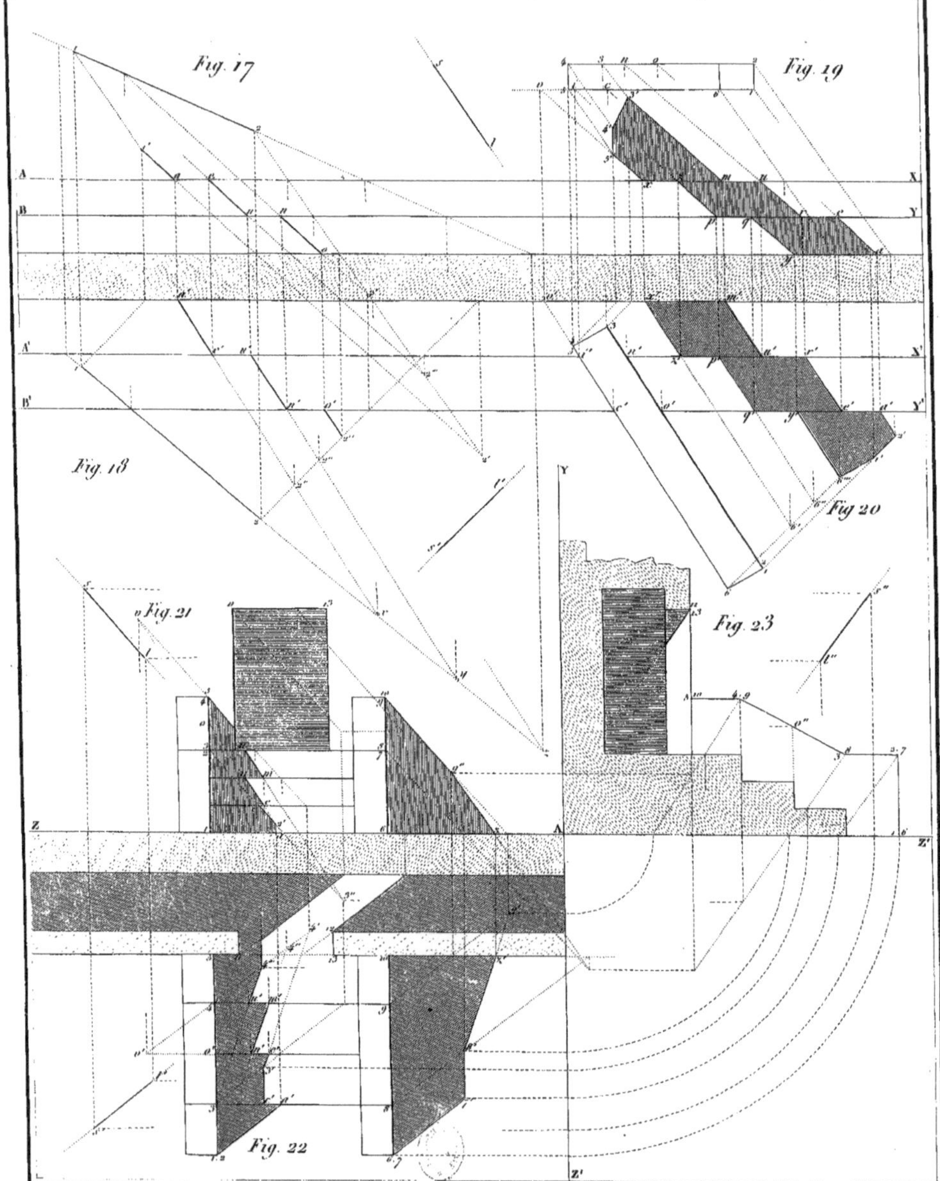
Fig. 17
Fig. 18
Fig. 19
Fig. 20
Fig. 21
Fig. 22
Fig. 23

Ombres brisées.

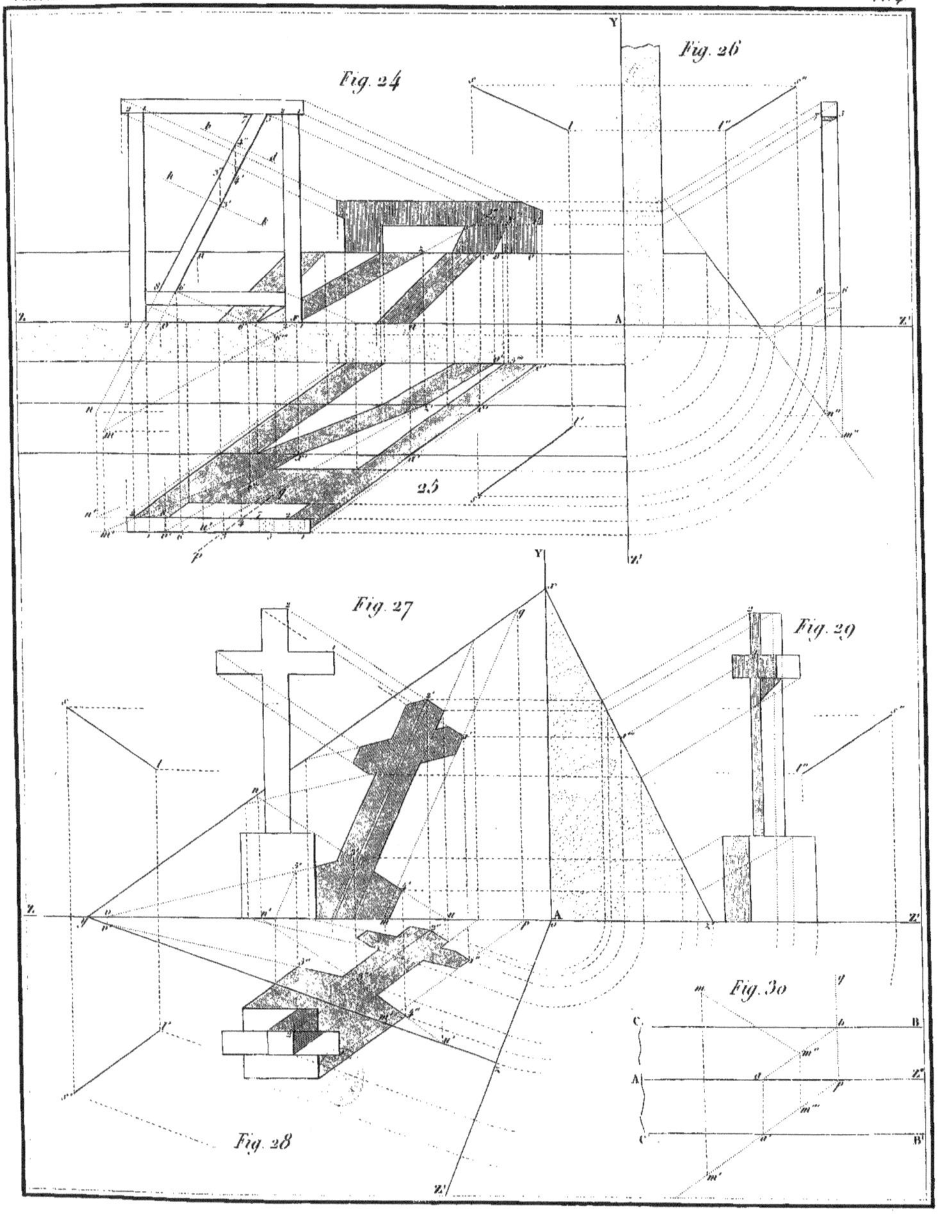

Fig. 24

Fig. 26

Fig. 25

Fig. 27

Fig. 29

Fig. 28

Fig. 30

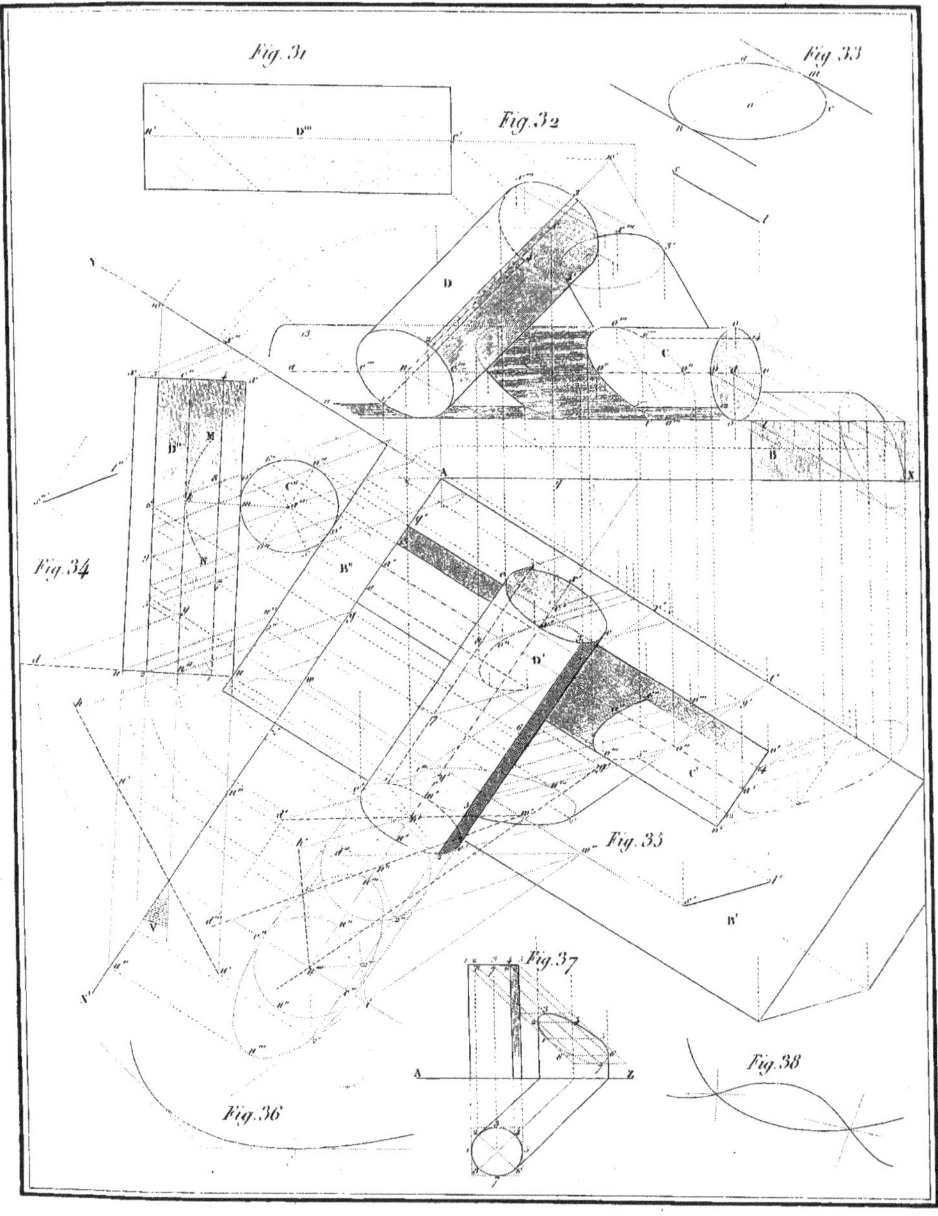
Fig. 31
Fig. 32
Fig. 33
Fig. 34
Fig. 35
Fig. 36
Fig. 37
Fig. 38

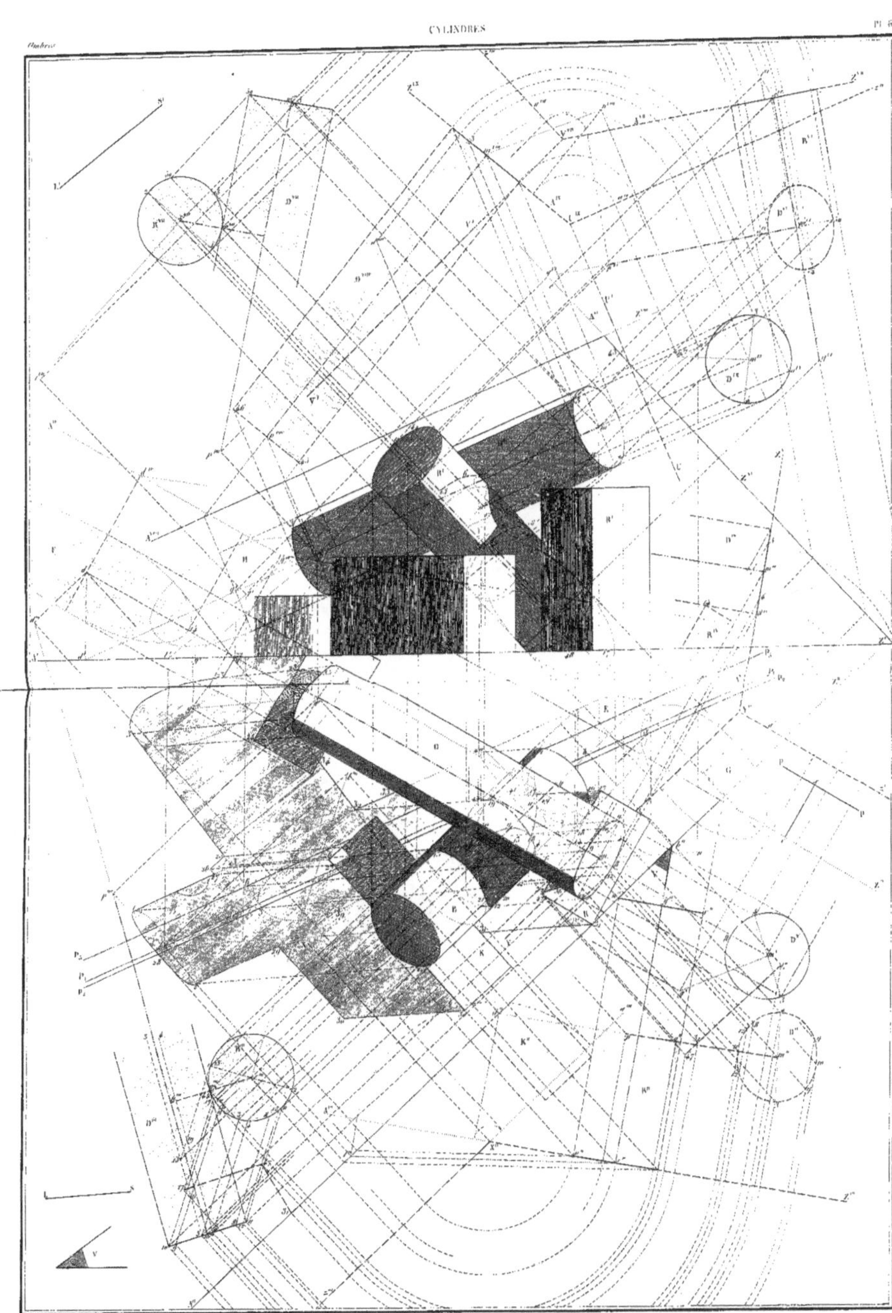

Pl. 6

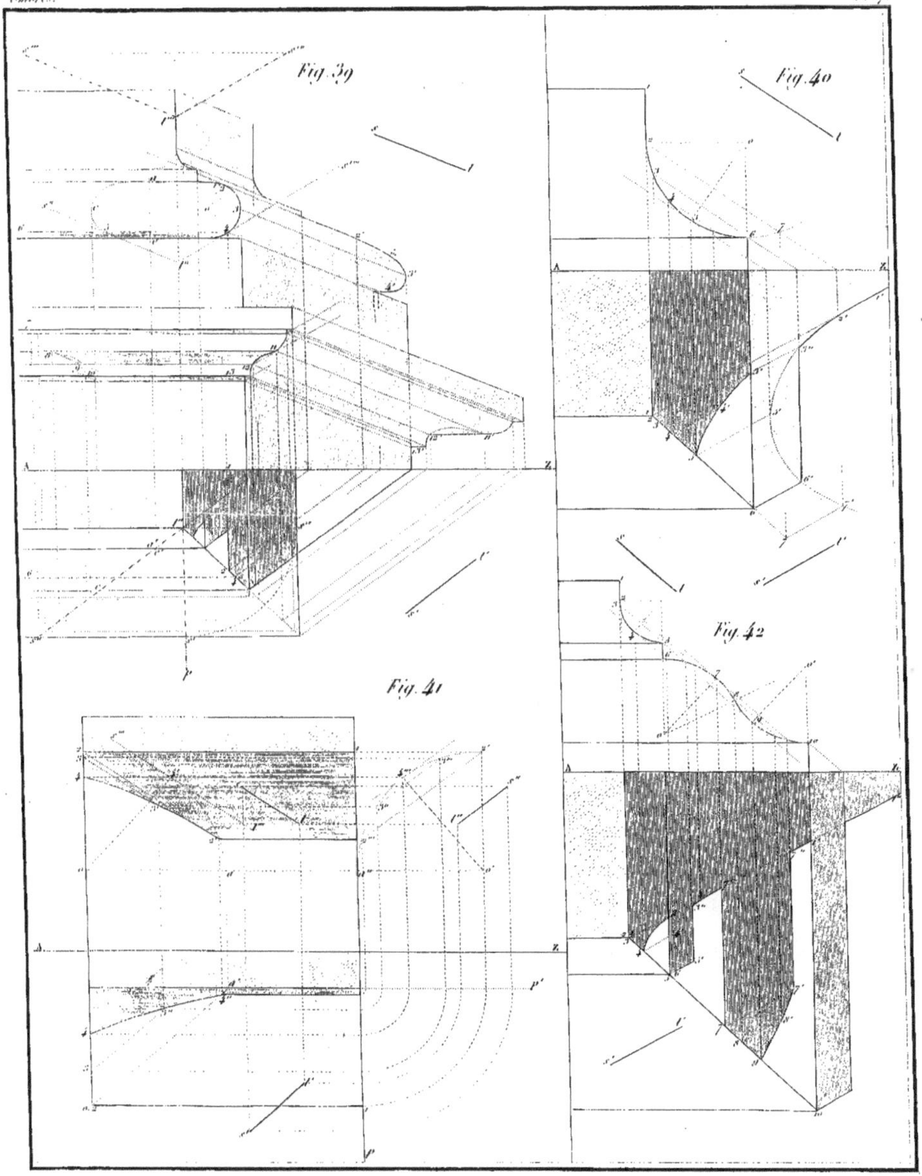

Fig. 39

Fig. 40

Fig. 41

Fig. 42

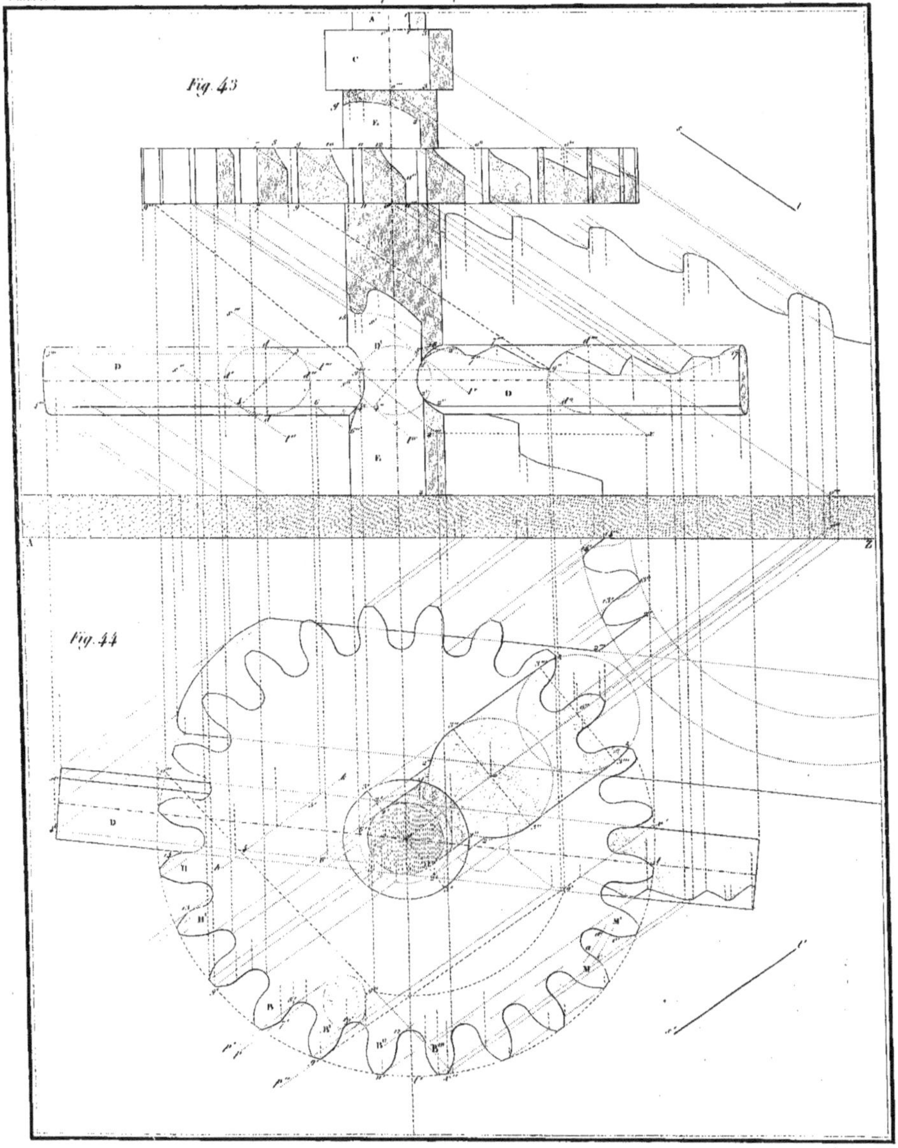

Fig. 43
Fig. 44

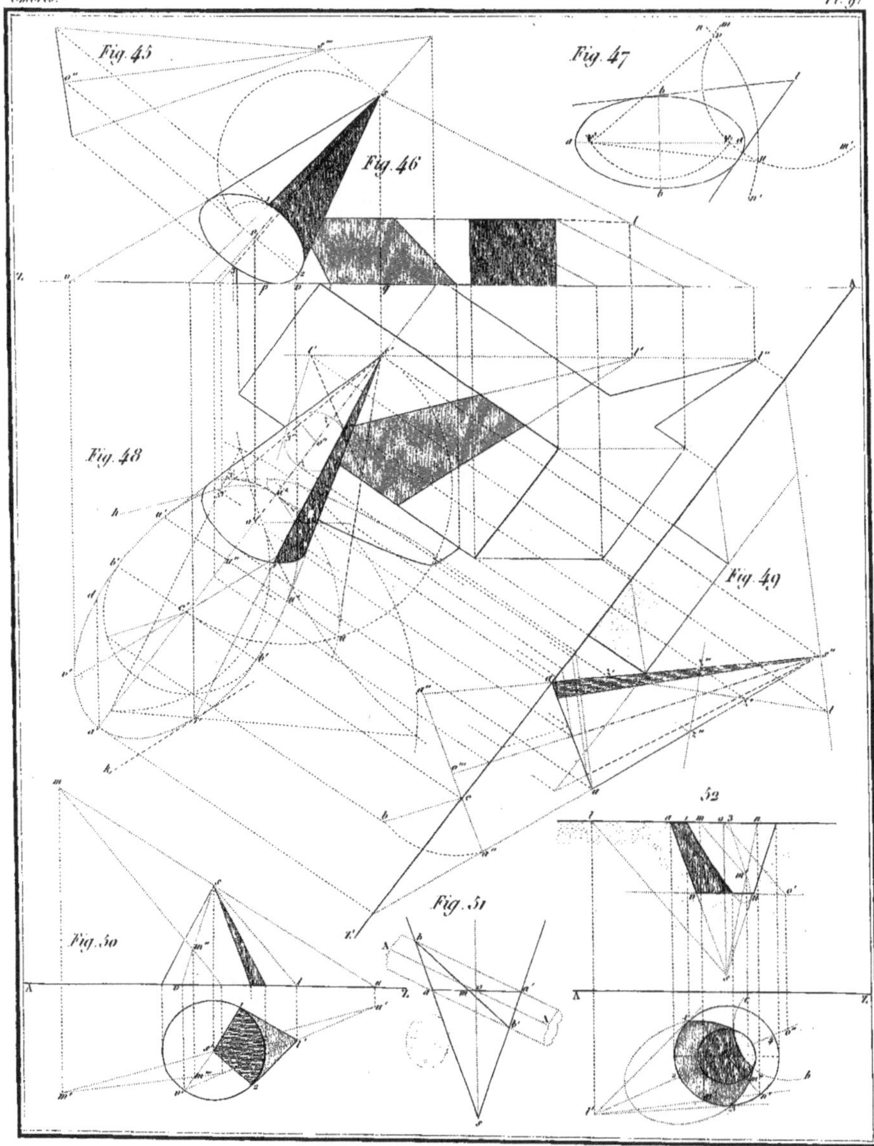
Fig. 45
Fig. 46
Fig. 47
Fig. 48
Fig. 49
Fig. 50
Fig. 51
52

Ombres.
Fig. 53
Fig. 55
Fig. 57
Fig. 54
Fig. 56
Fig. 58
Fig. 59
Fig. 60

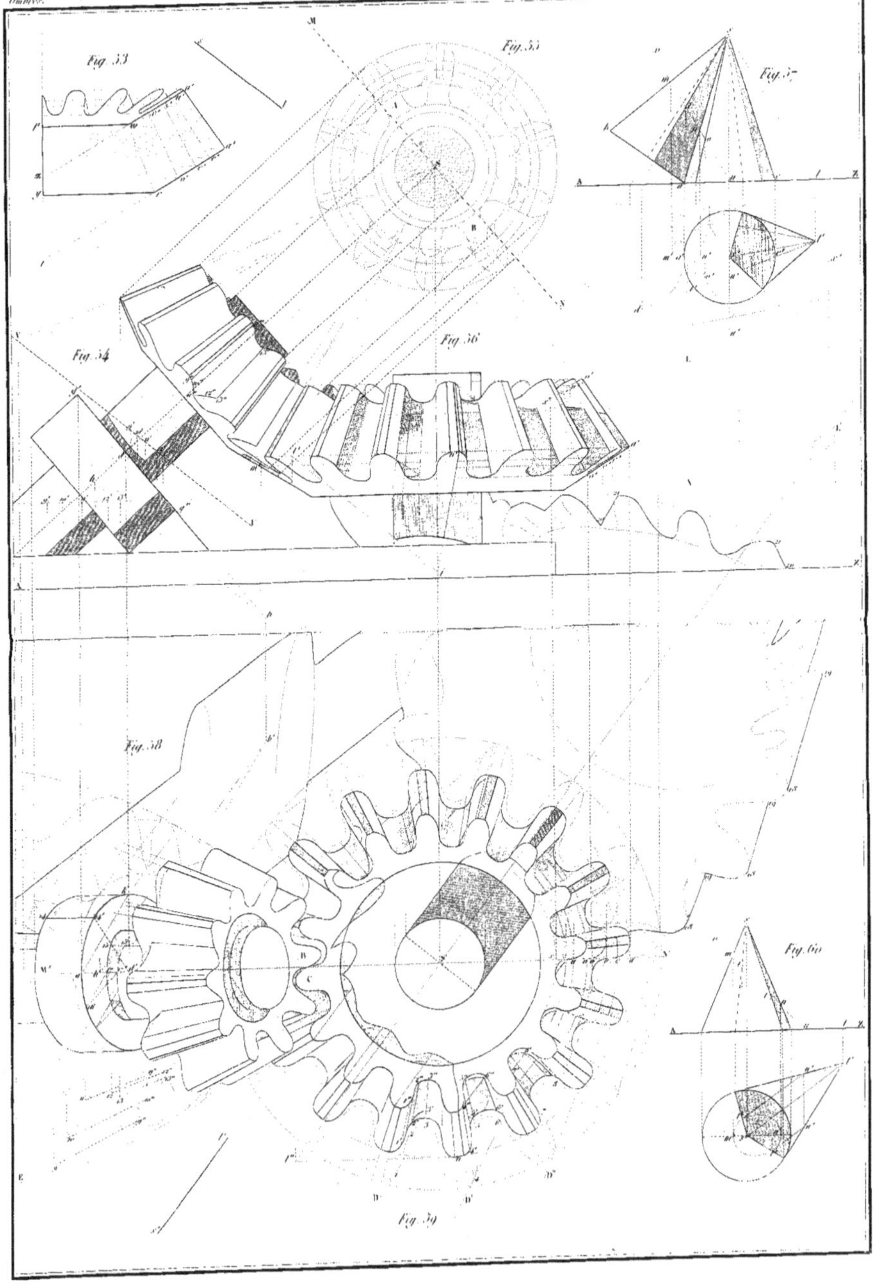

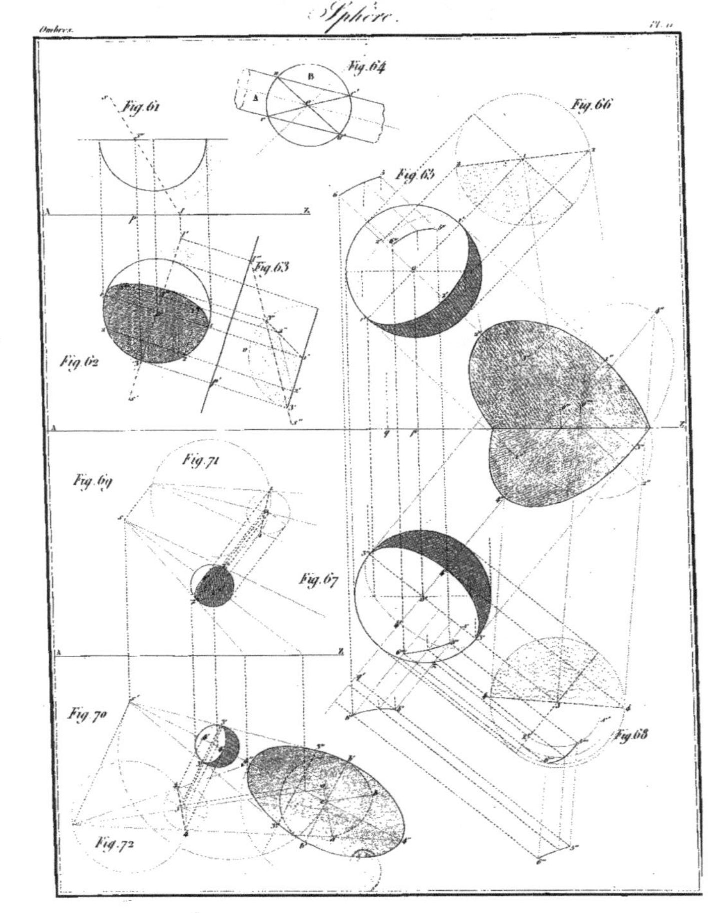

Ombres.
Sphère.
Fig. 61
Fig. 62
Fig. 63
Fig. 64
Fig. 65
Fig. 66
Fig. 67
Fig. 68
Fig. 69
Fig. 70
Fig. 71
Fig. 72

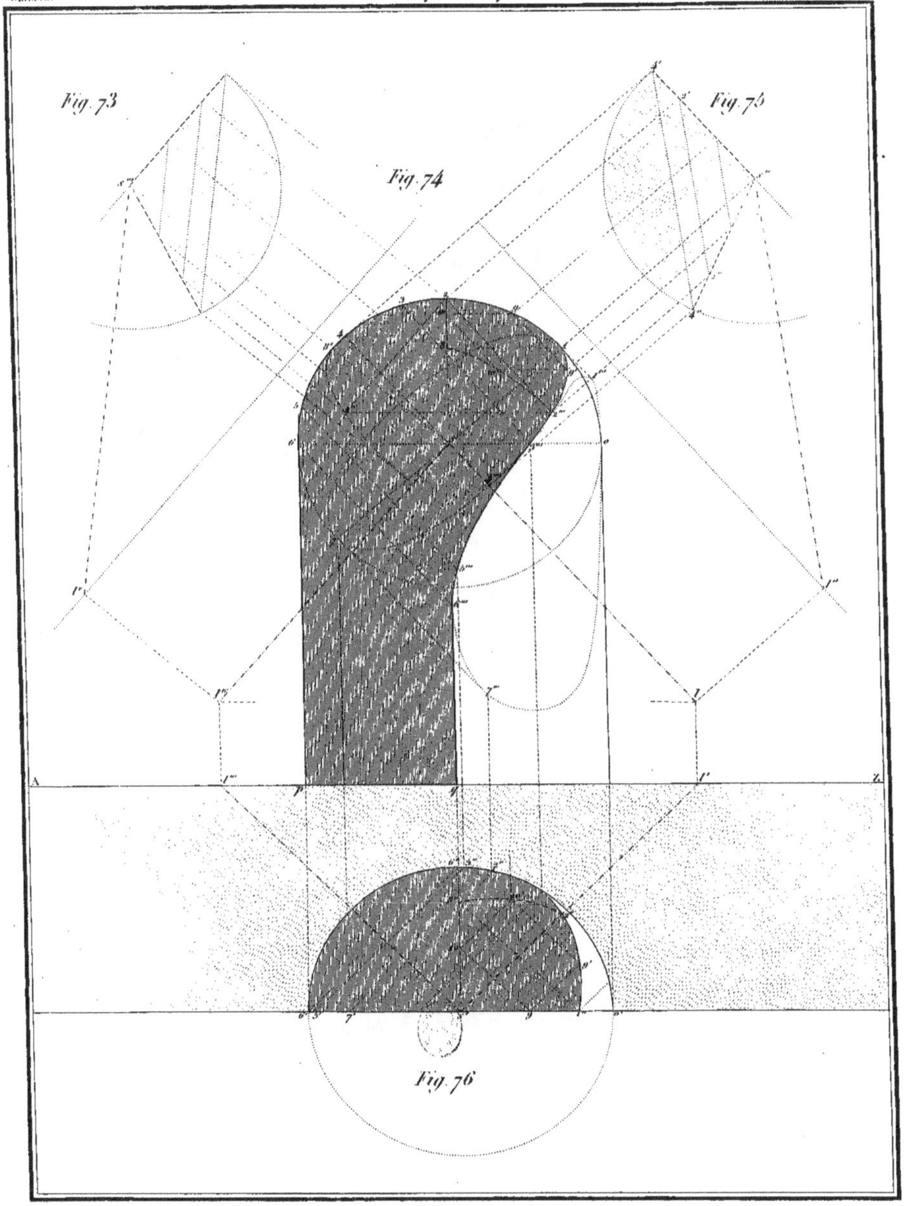

Fig. 73

Fig. 74

Fig. 75

Fig. 76

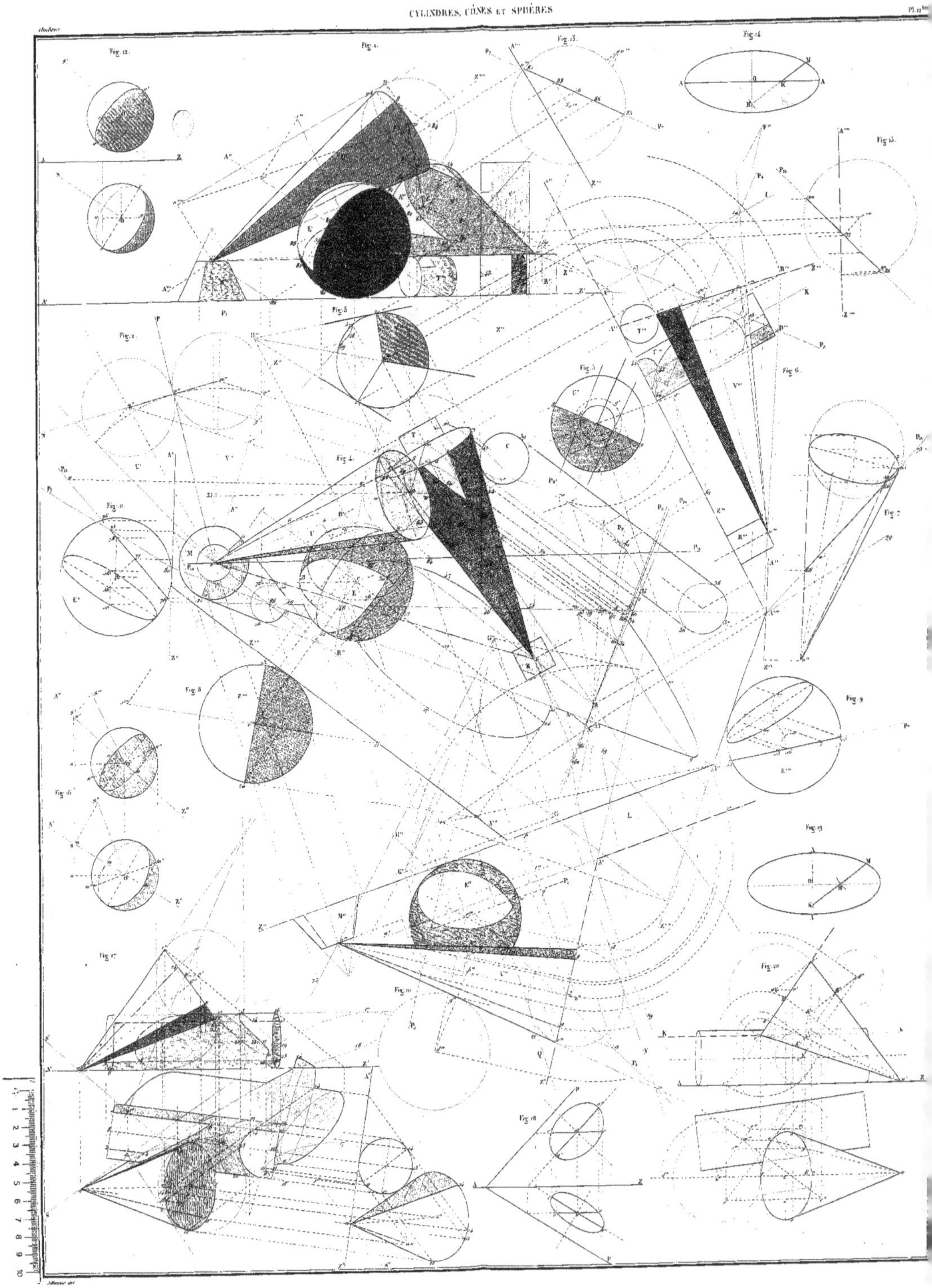

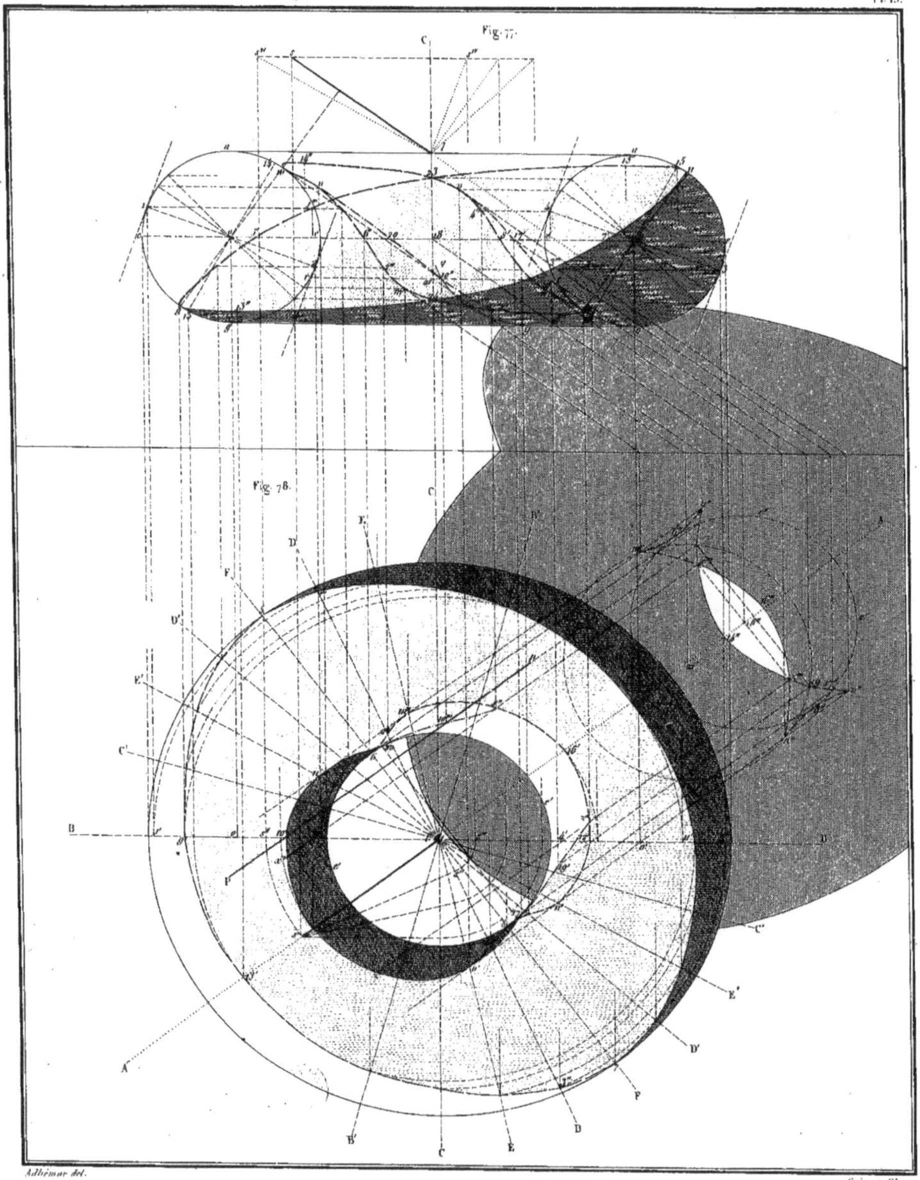

SURFACE ANNULAIRE

Fig. 77.

Fig. 78.

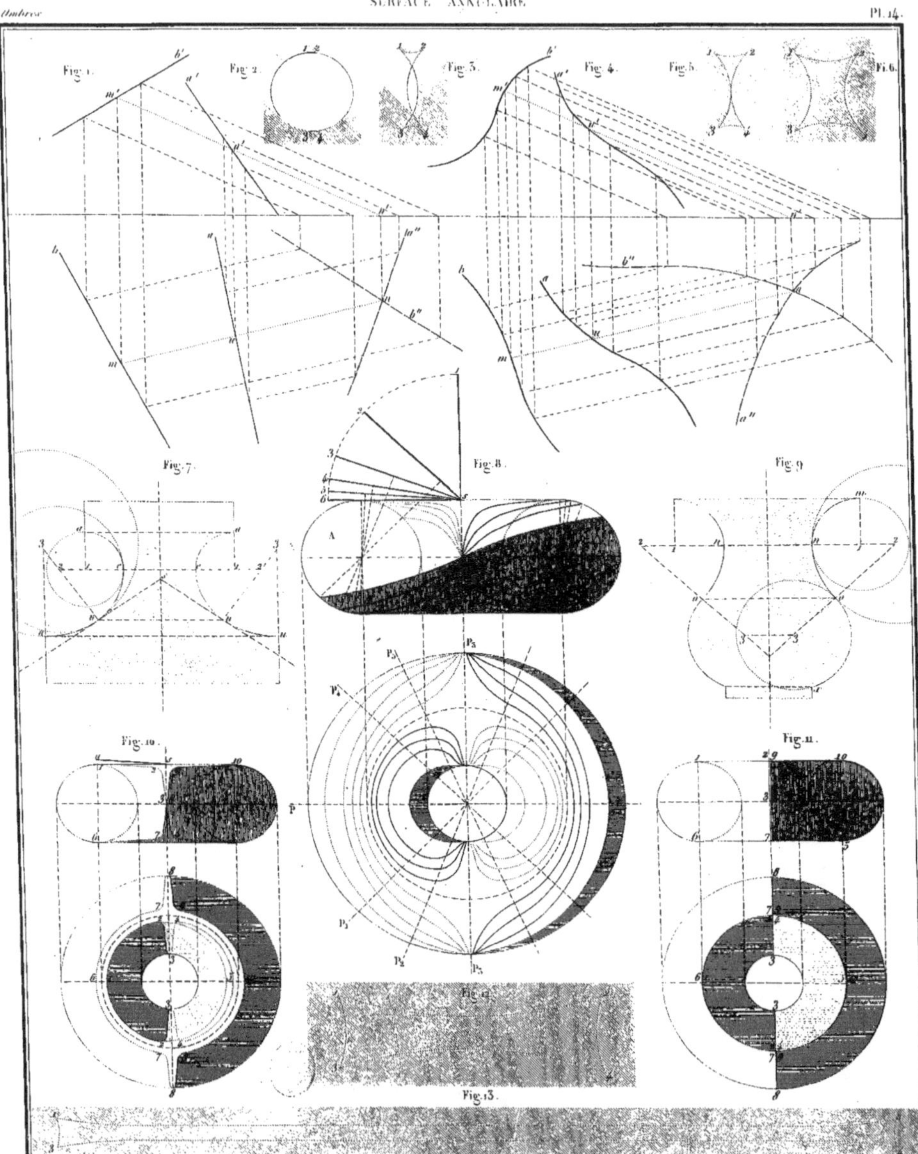
Fig. 1.
Fig. 2.
Fig. 3.
Fig. 4.
Fig. 5.
Fi. 6.
Fig. 7.
Fig. 8.
Fig. 9.
Fig. 10.
Fig. 11.
Fig. 12.
Fig. 13.
A

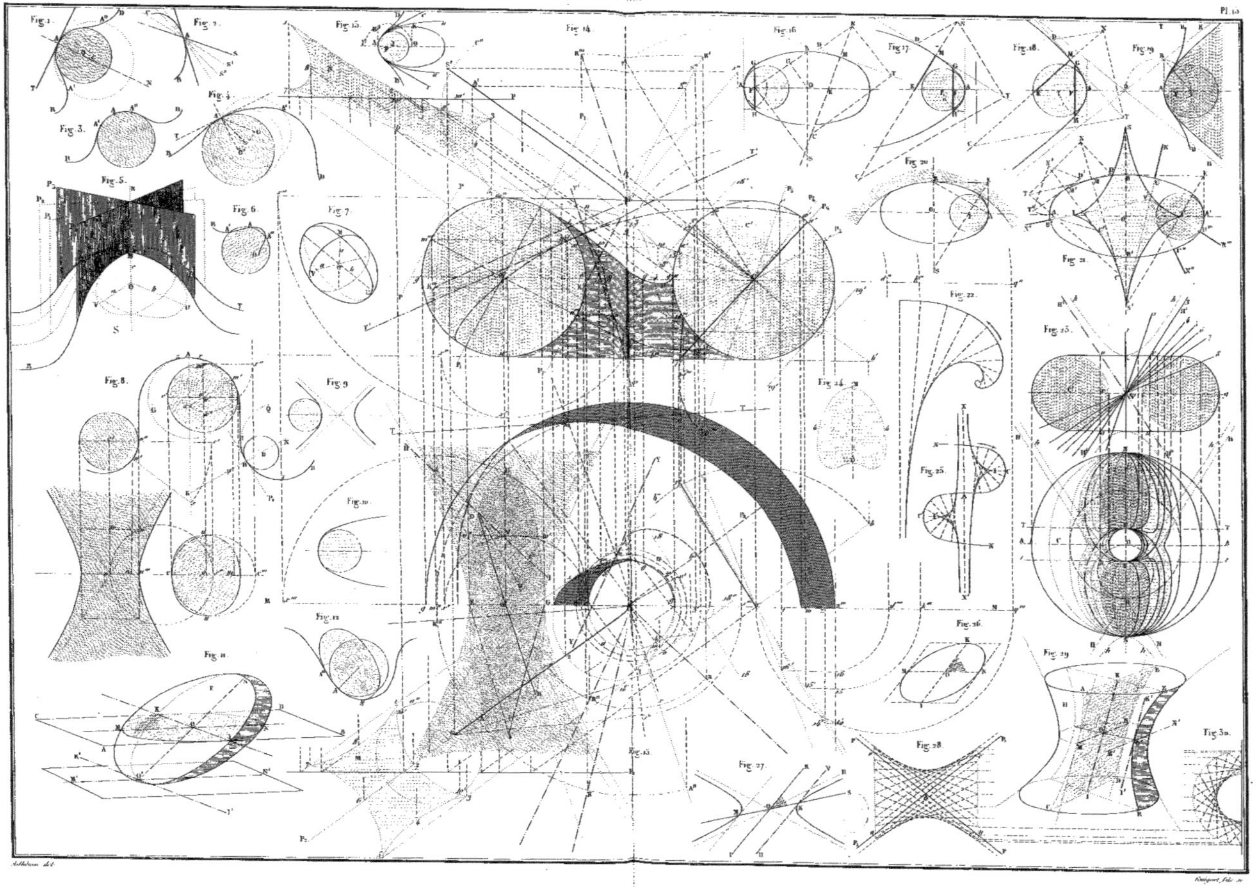

Fig. 1. Fig. 2. Fig. 3. Fig. 4. Fig. 5. Fig. 6. Fig. 7. Fig. 8. Fig. 9. Fig. 10. Fig. 11. Fig. 12. Fig. 13. Fig. 14. Fig. 15. Fig. 16. Fig. 17. Fig. 18. Fig. 19. Fig. 20. Fig. 21. Fig. 22. Fig. 23. Fig. 24. Fig. 25. Fig. 26. Fig. 27. Fig. 28. Fig. 29. Fig. 30.

Fig. 79
Fig. 80

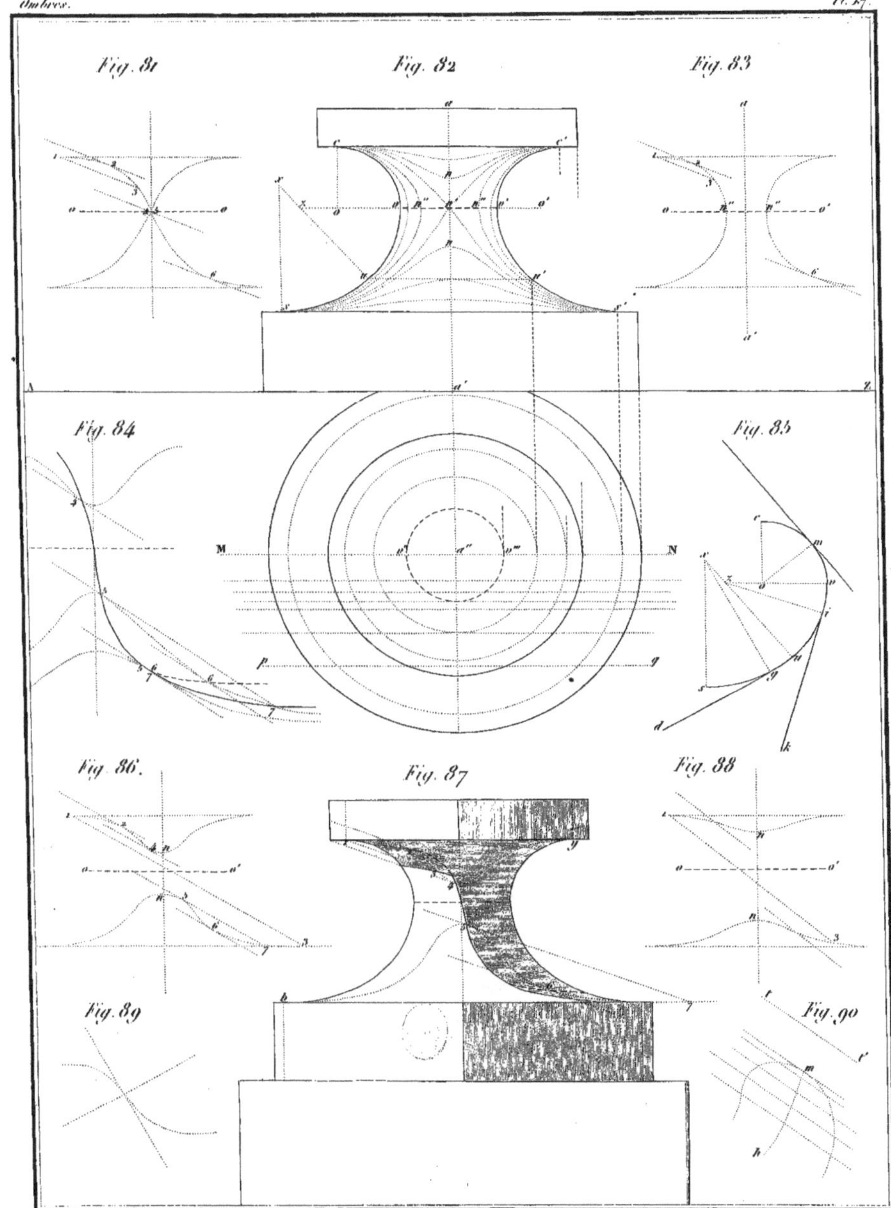

Fig. 81
Fig. 82
Fig. 83
Fig. 84
Fig. 85
Fig. 86
Fig. 87
Fig. 88
Fig. 89
Fig. 90

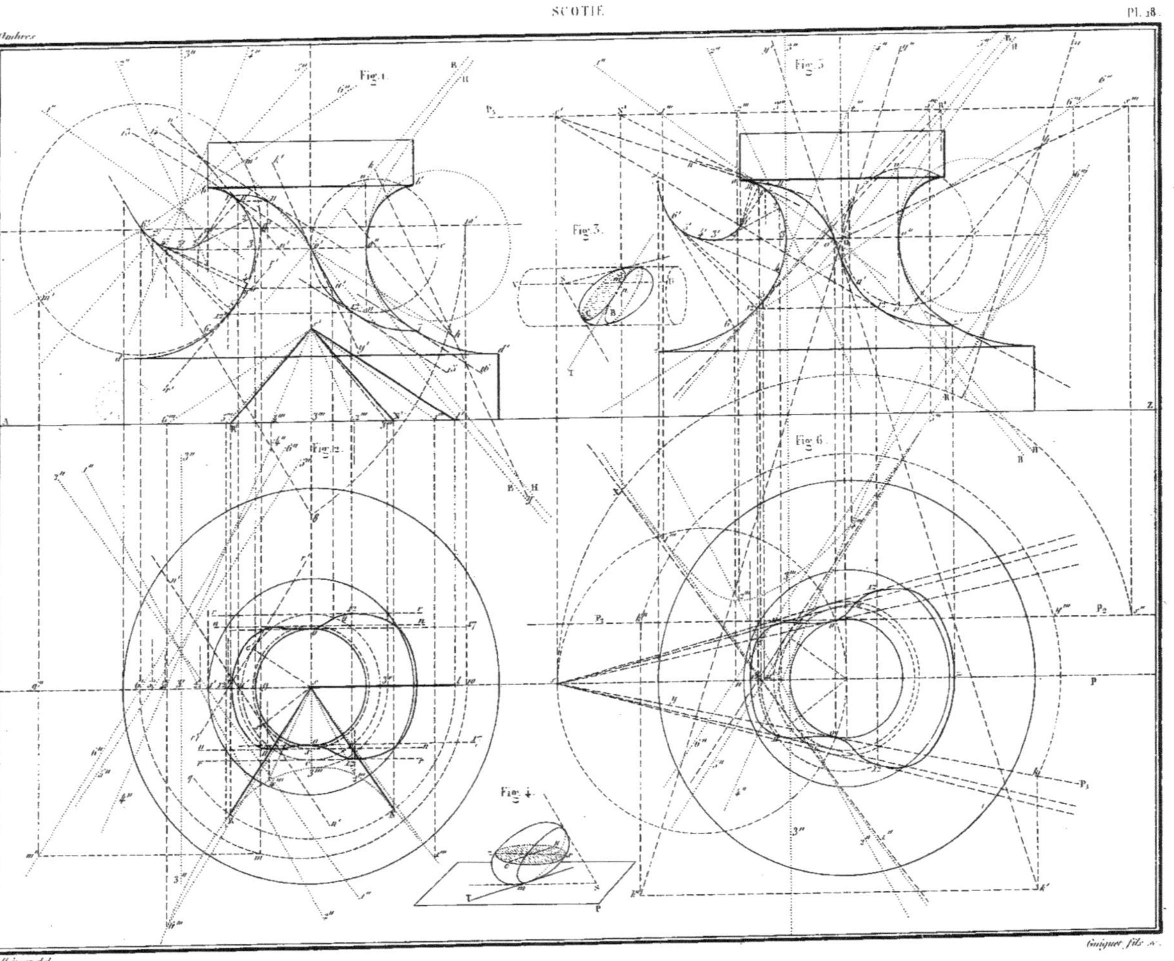

Ombres
Fig. 1
Fig. 2
Fig. 3
Fig. 4
Fig. 5
Fig. 6
Adhémar del.
Guiguet fils sc.

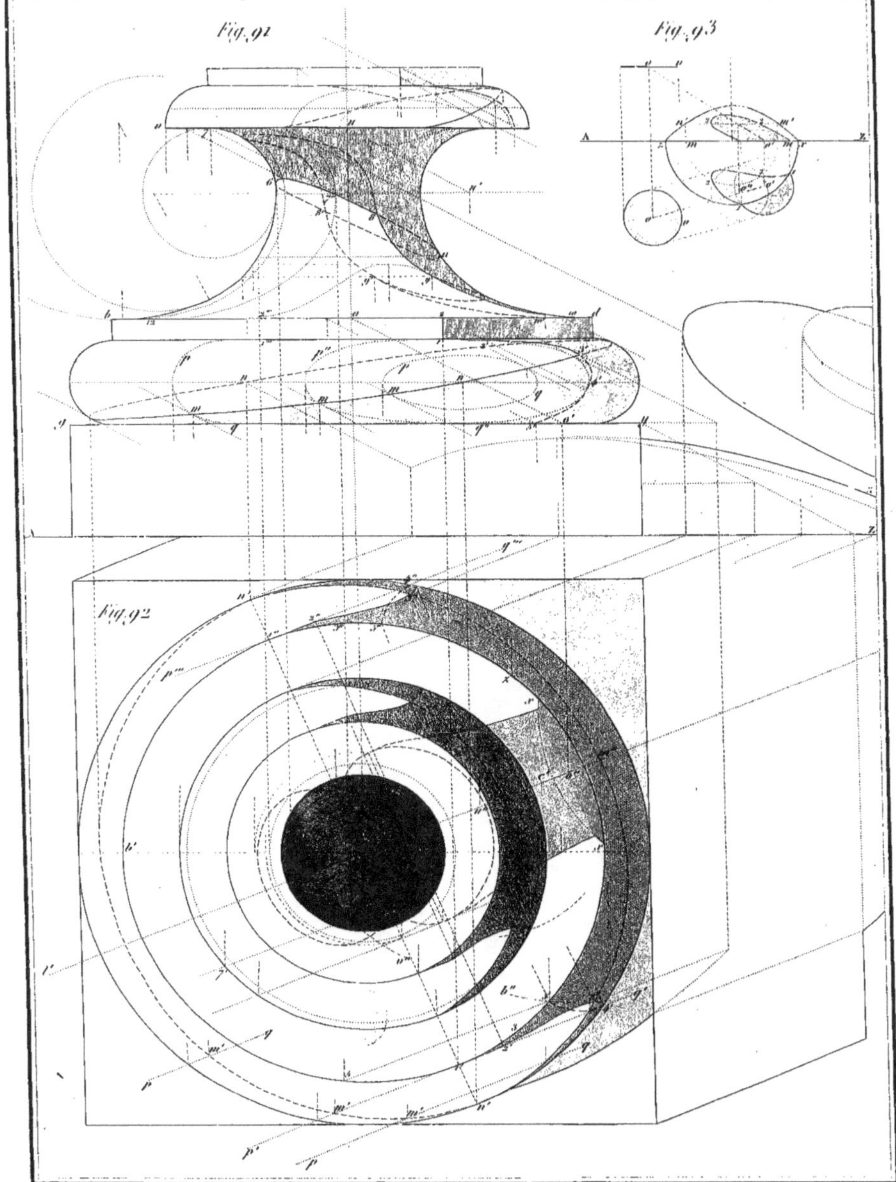

Fig. 91
Fig. 93
Fig. 92

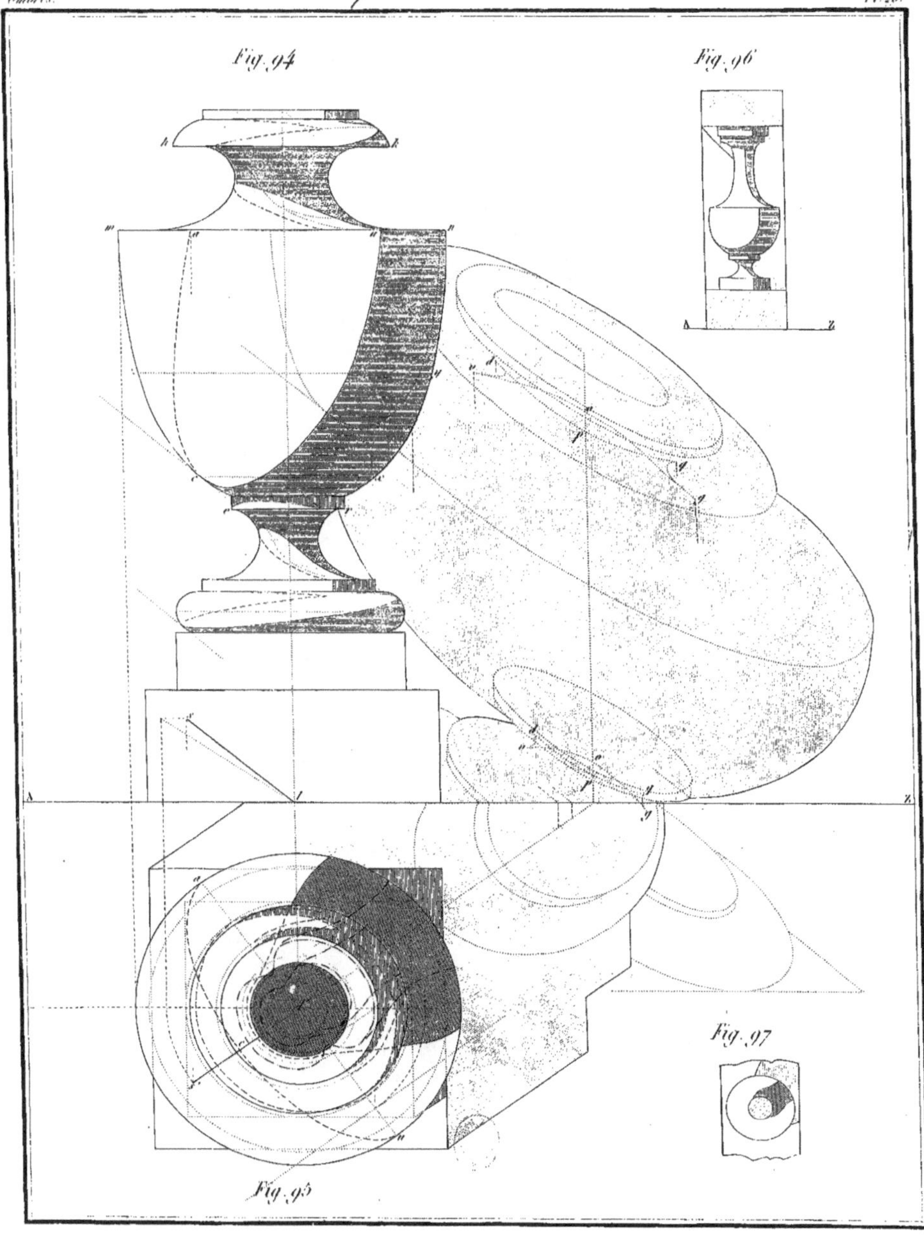

Fig. 94
Fig. 96
Fig. 97
Fig. 95

Ombres.
Pl. 21.
Fig. 98
Fig. 100
Fig. 101
Fig. 102
Fig. 99

Surfaces de Révolution.

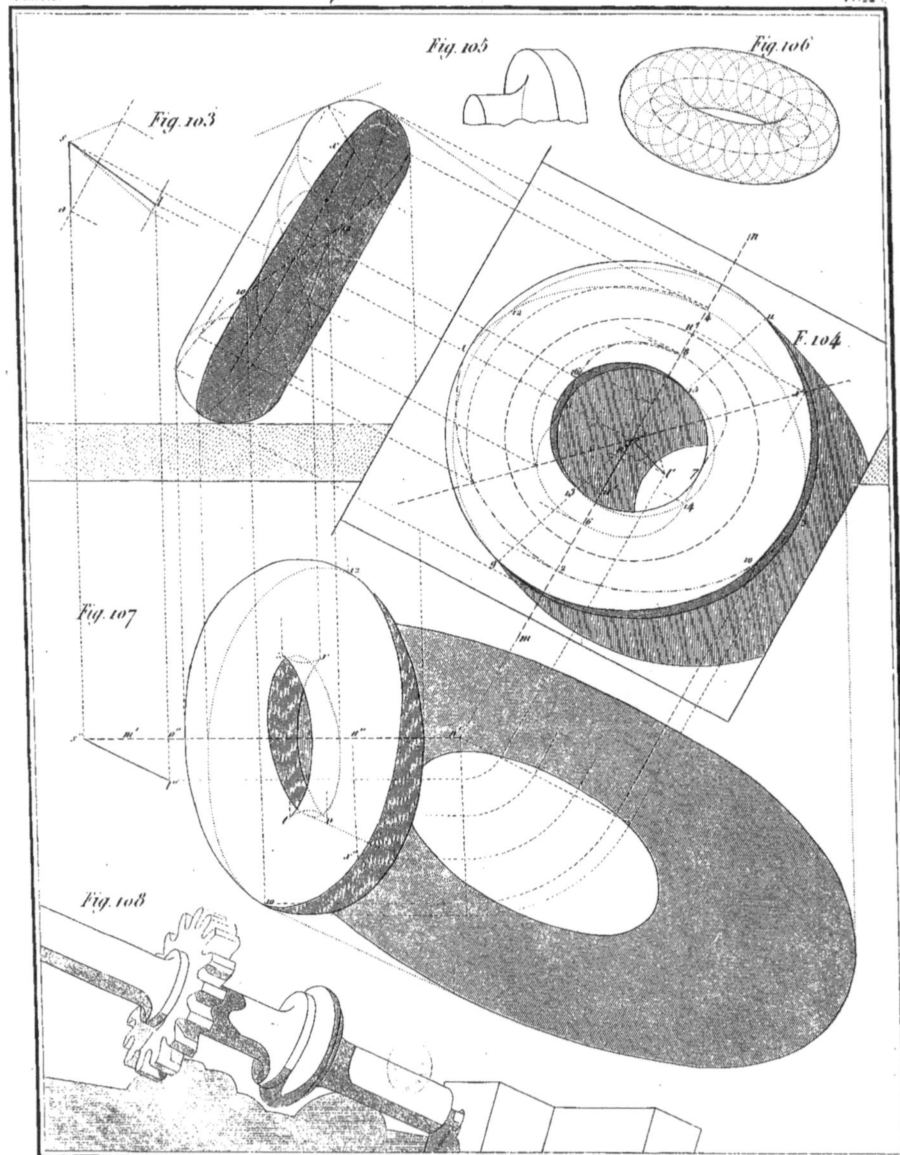

Fig. 1.
Fig. 2.
Fig. 3.
Fig. 4.
Fig. 5.
Fig. 6.
Fig. 7.
Fig. 8.
Fig. 9.

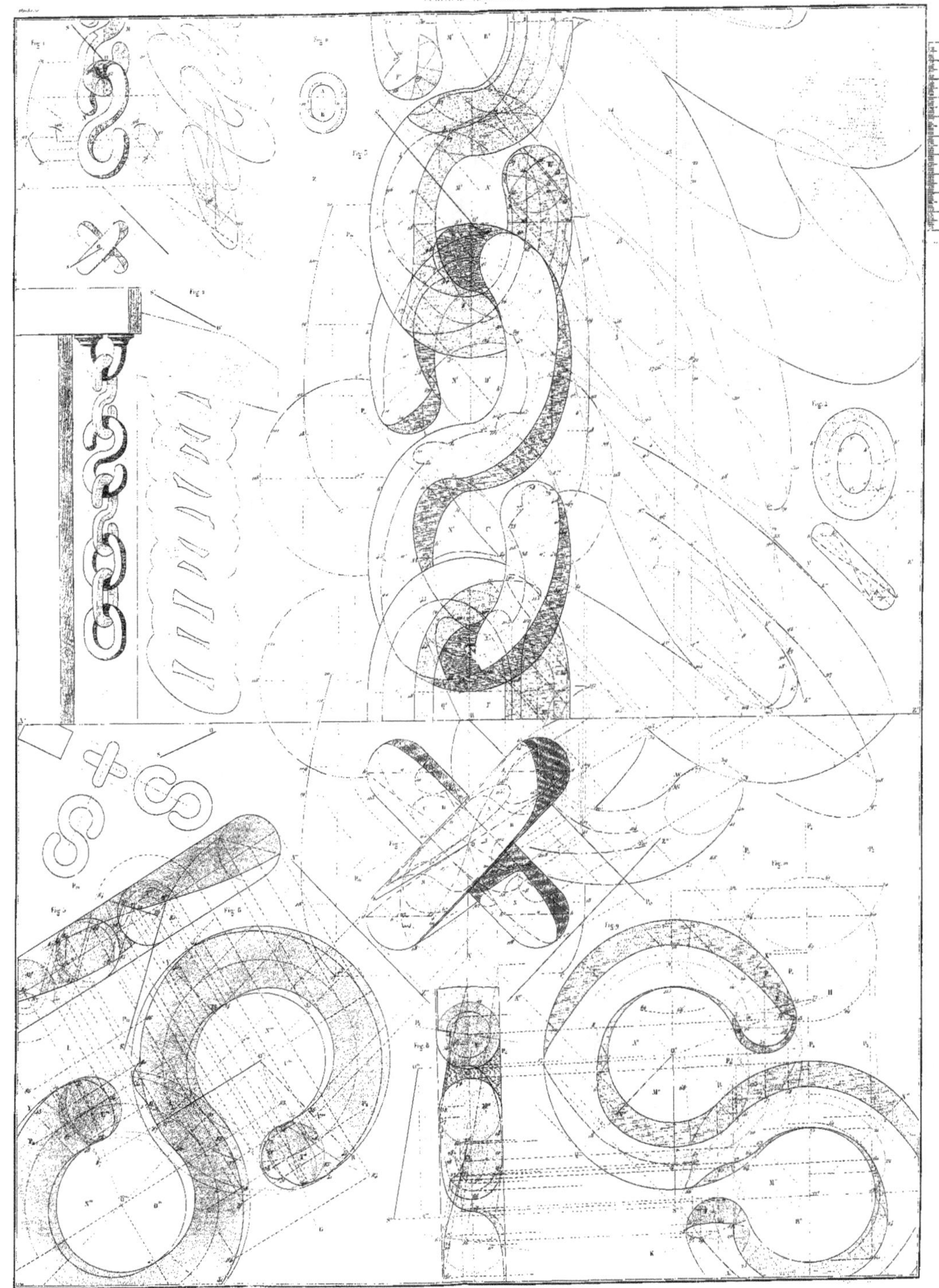

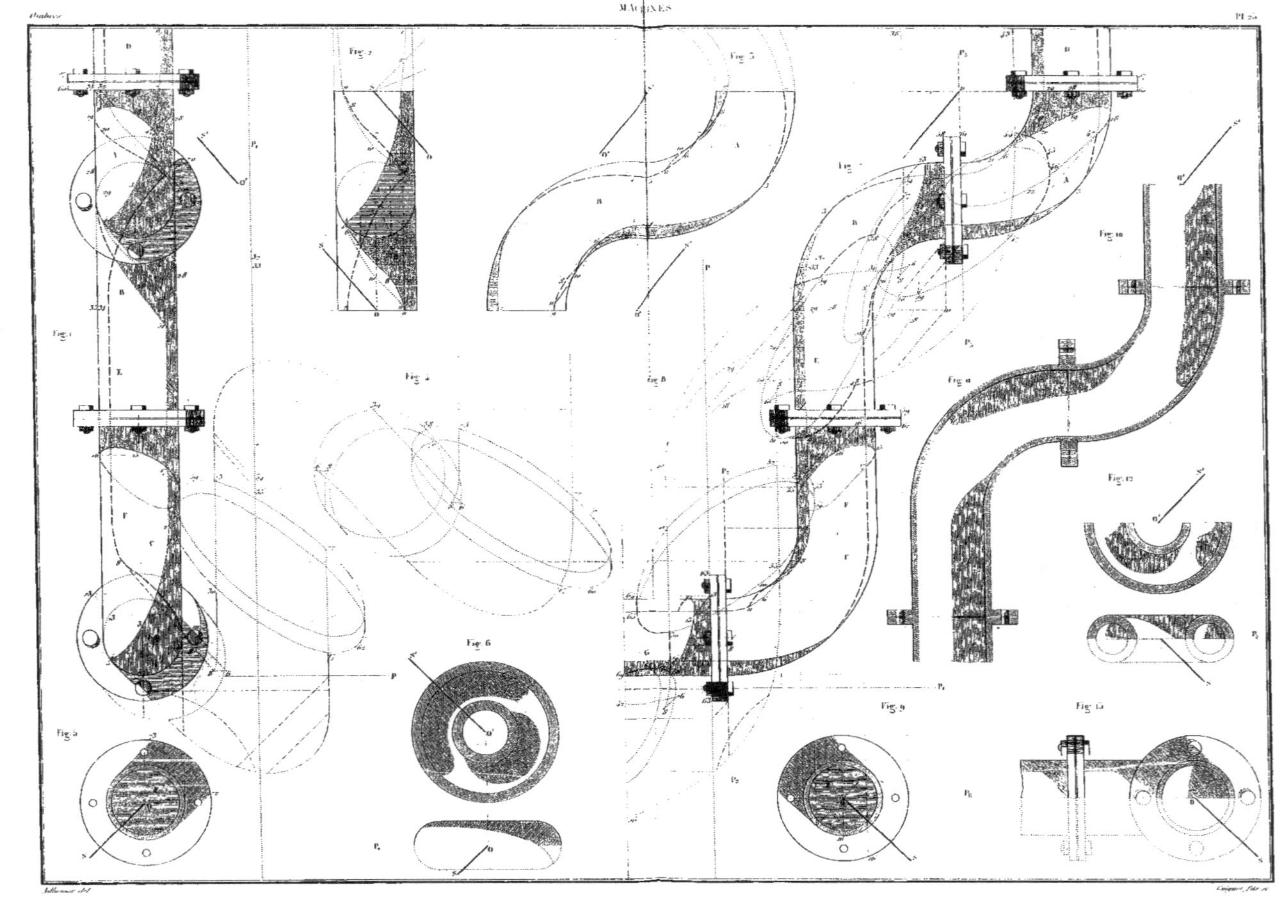
Fig. 1
Fig. 2
Fig. 3
Fig. 4
Fig. 5
Fig. 6
Fig. 7
Fig. 8
Fig. 9
Fig. 10
Fig. 11
Fig. 12
Fig. 13

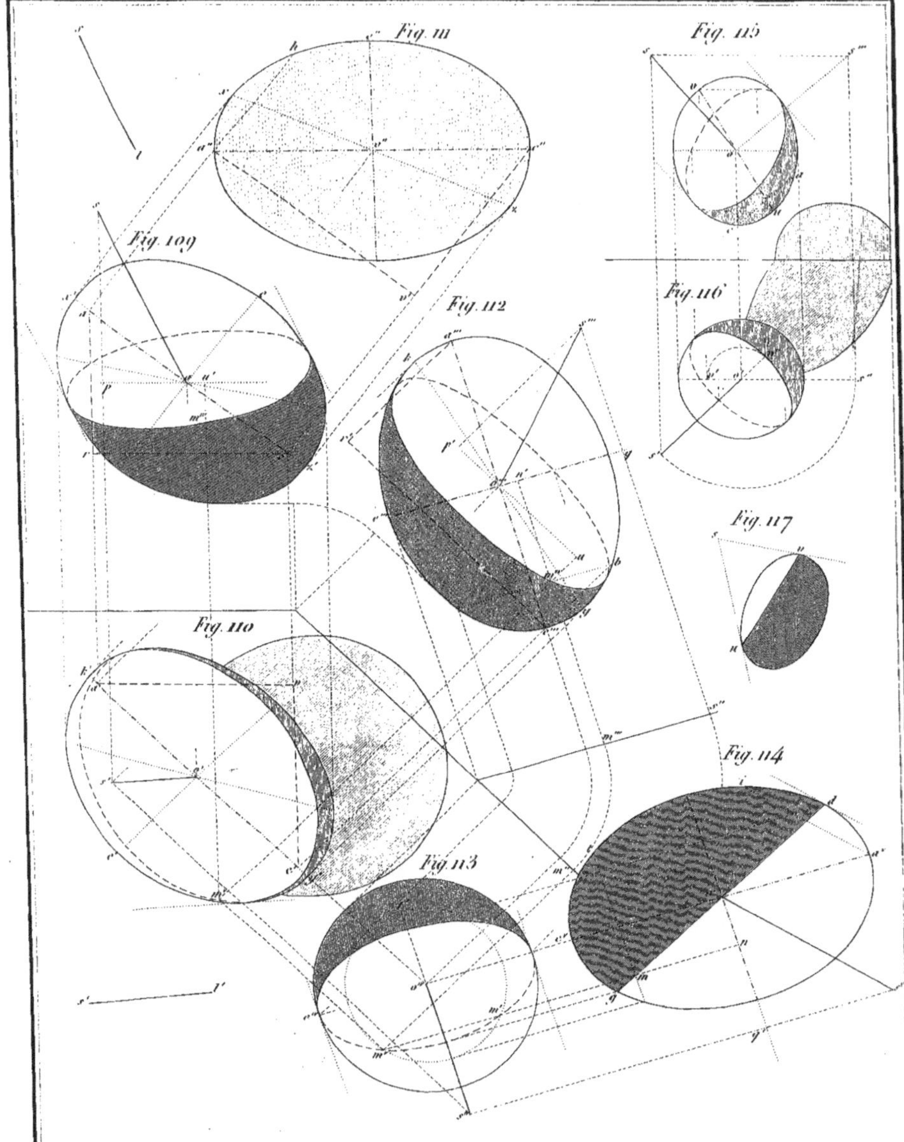

Fig. 111
Fig. 115
Fig. 109
Fig. 112
Fig. 116
Fig. 117
Fig. 110
Fig. 114
Fig. 113

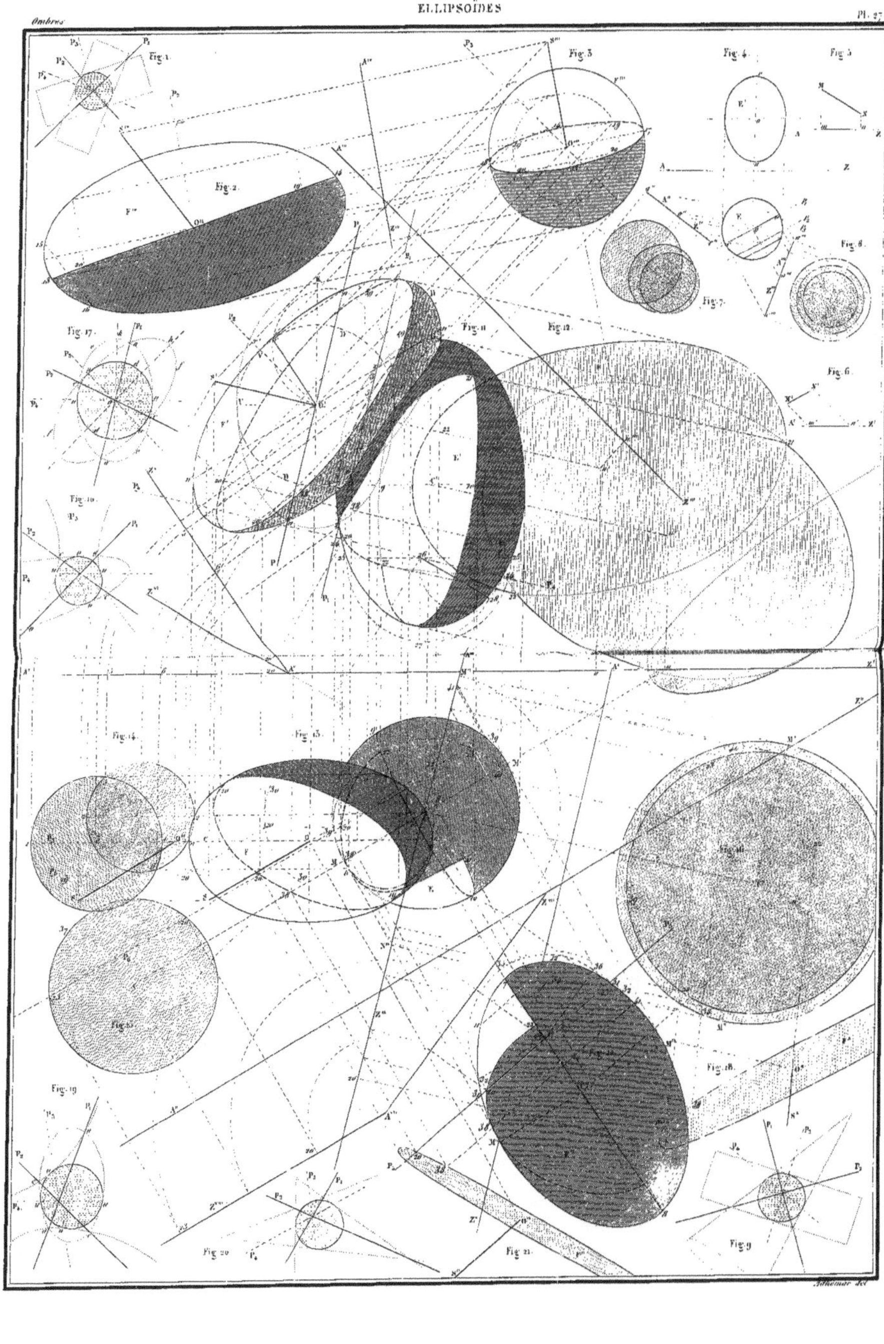

Fig. 1.
Fig. 2.
Fig. 3.
Fig. 4.
Fig. 5.
Fig. 6.
Fig. 7.
Fig. 8.
Fig. 9.
Fig. 10.
Fig. 11.
Fig. 12.
Fig. 13.
Fig. 14.
Fig. 15.
Fig. 16.
Fig. 17.
Fig. 18.
Fig. 19.
Fig. 20.
Fig. 21.
Adhémar del.

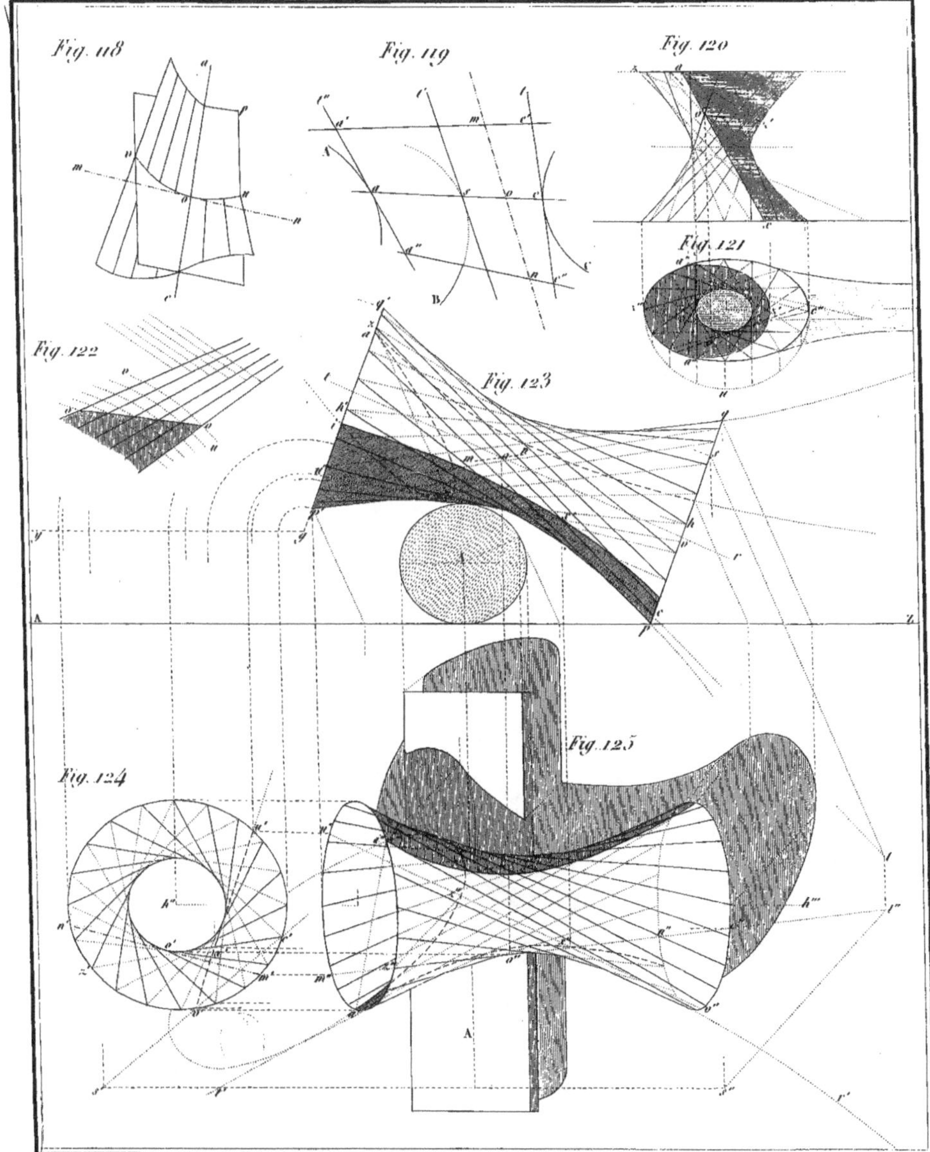
Fig. 118
Fig. 119
Fig. 120
Fig. 121
Fig. 122
Fig. 123
Fig. 124
Fig. 125

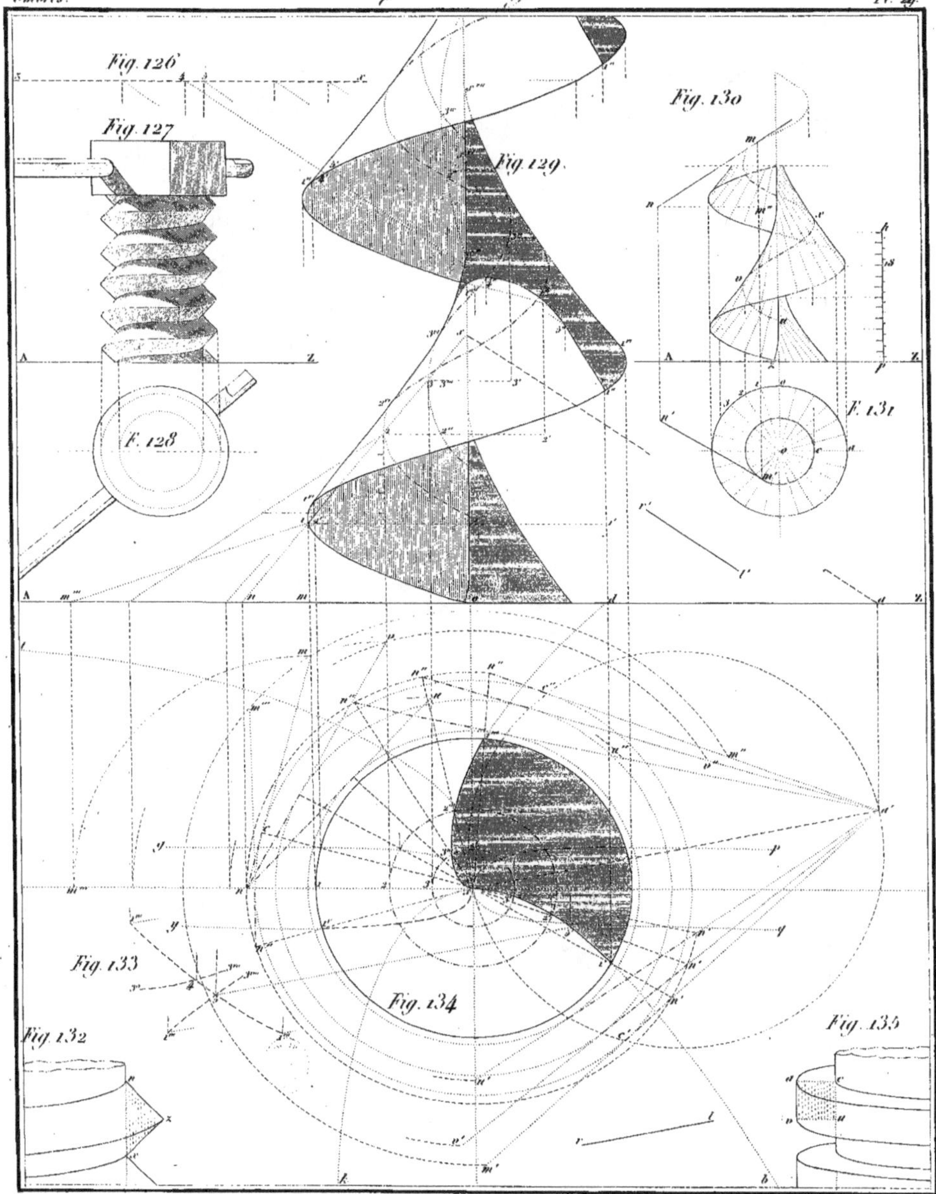

Fig. 126
Fig. 127
F. 128
Fig. 129
Fig. 130
F. 131
Fig. 132
Fig. 133
Fig. 134
Fig. 135

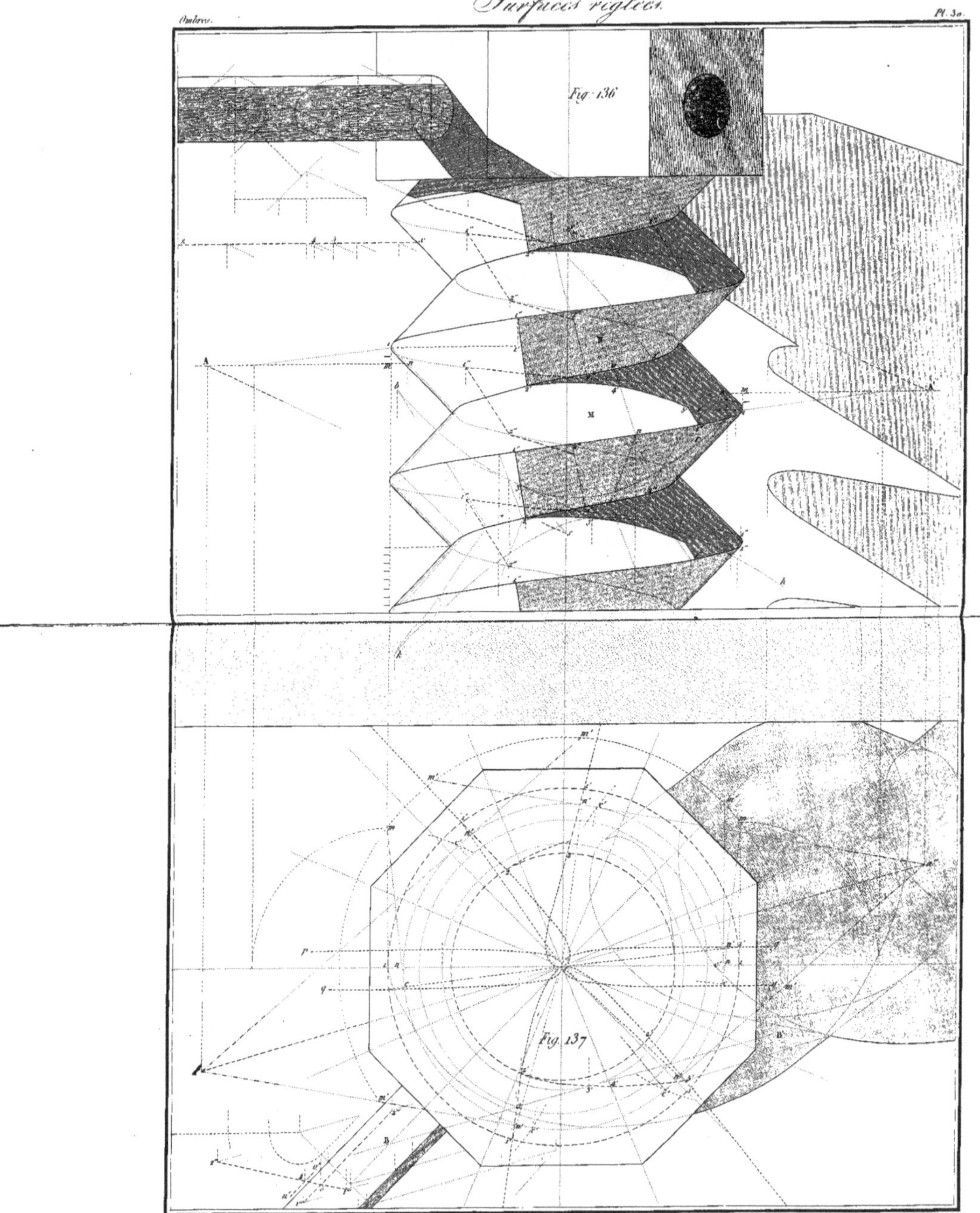

Fig. 136
Fig. 137

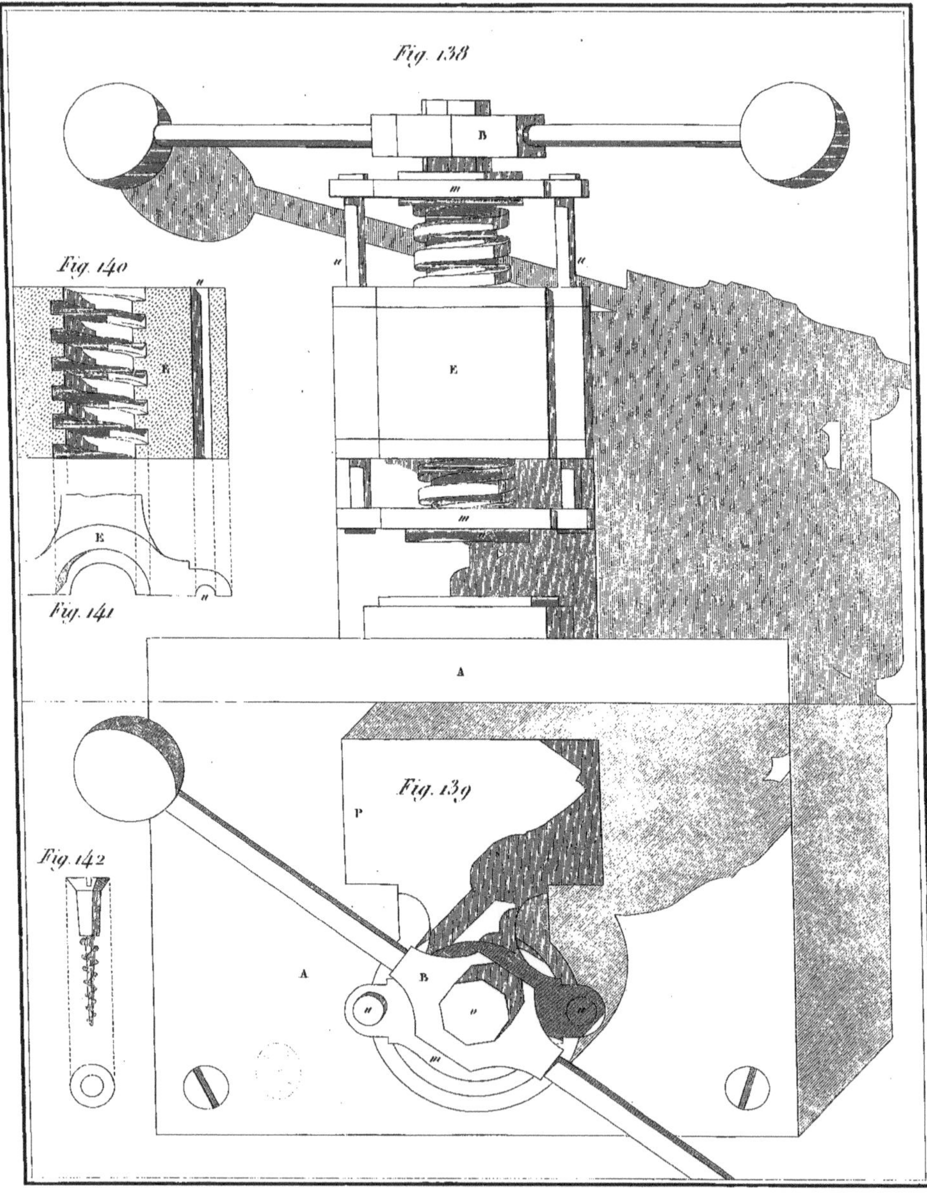

Fig. 138
Fig. 140
Fig. 141
Fig. 142
Fig. 139
A
B
E
P

Surfaces enveloppes.

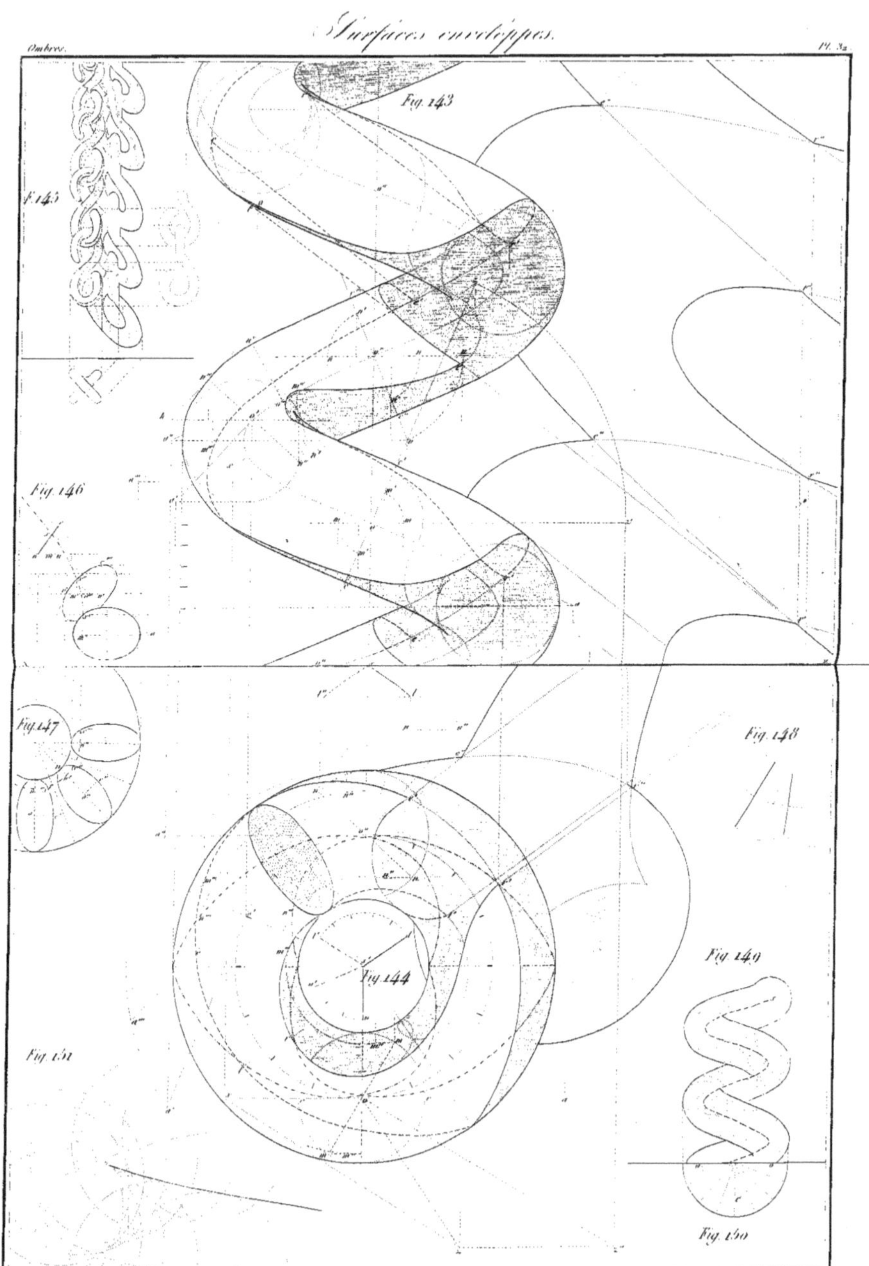

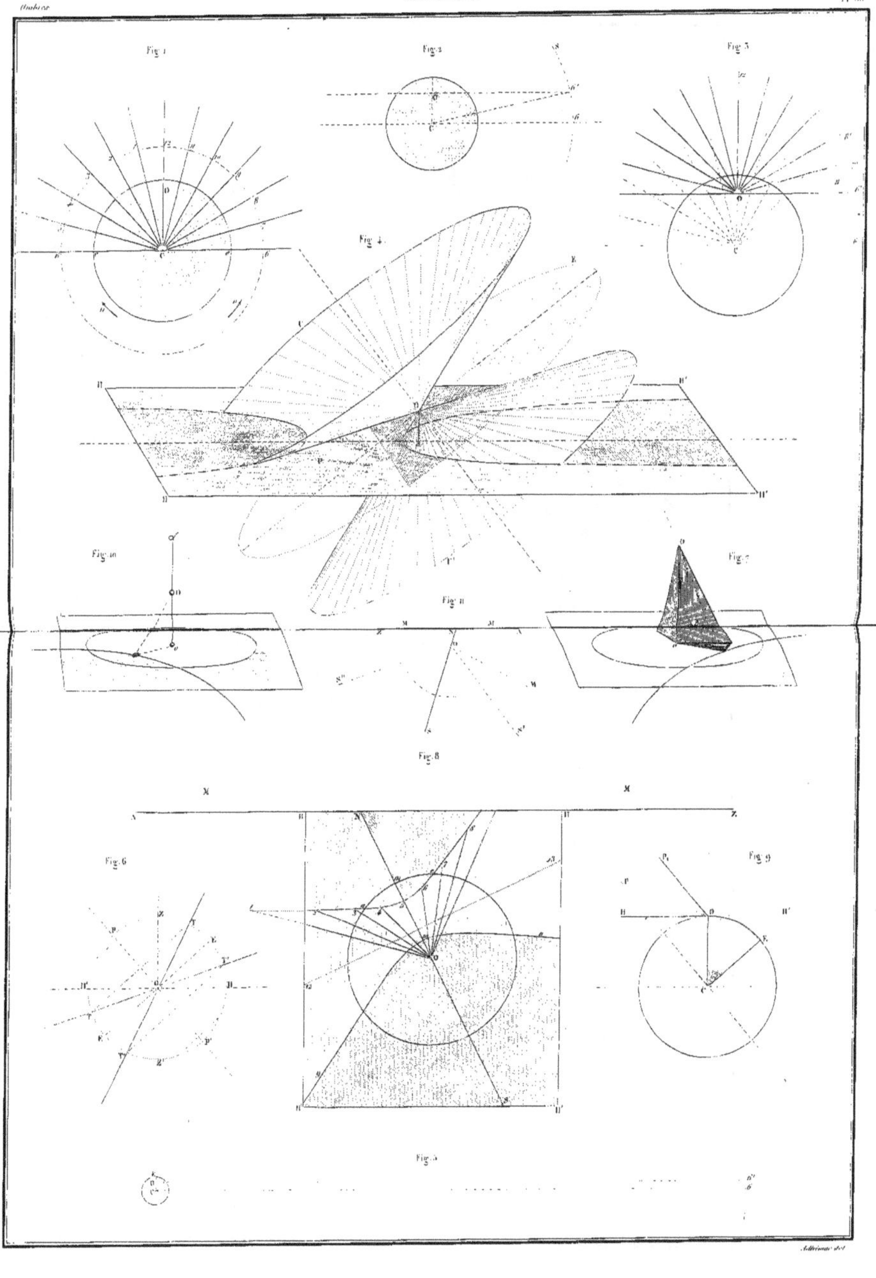

Fig. 1

Fig. 2

Fig. 3

Fig. 4

Fig. 10

Fig. 11

Fig. 7

Fig. 8

Fig. 6

Fig. 5

Fig. 9

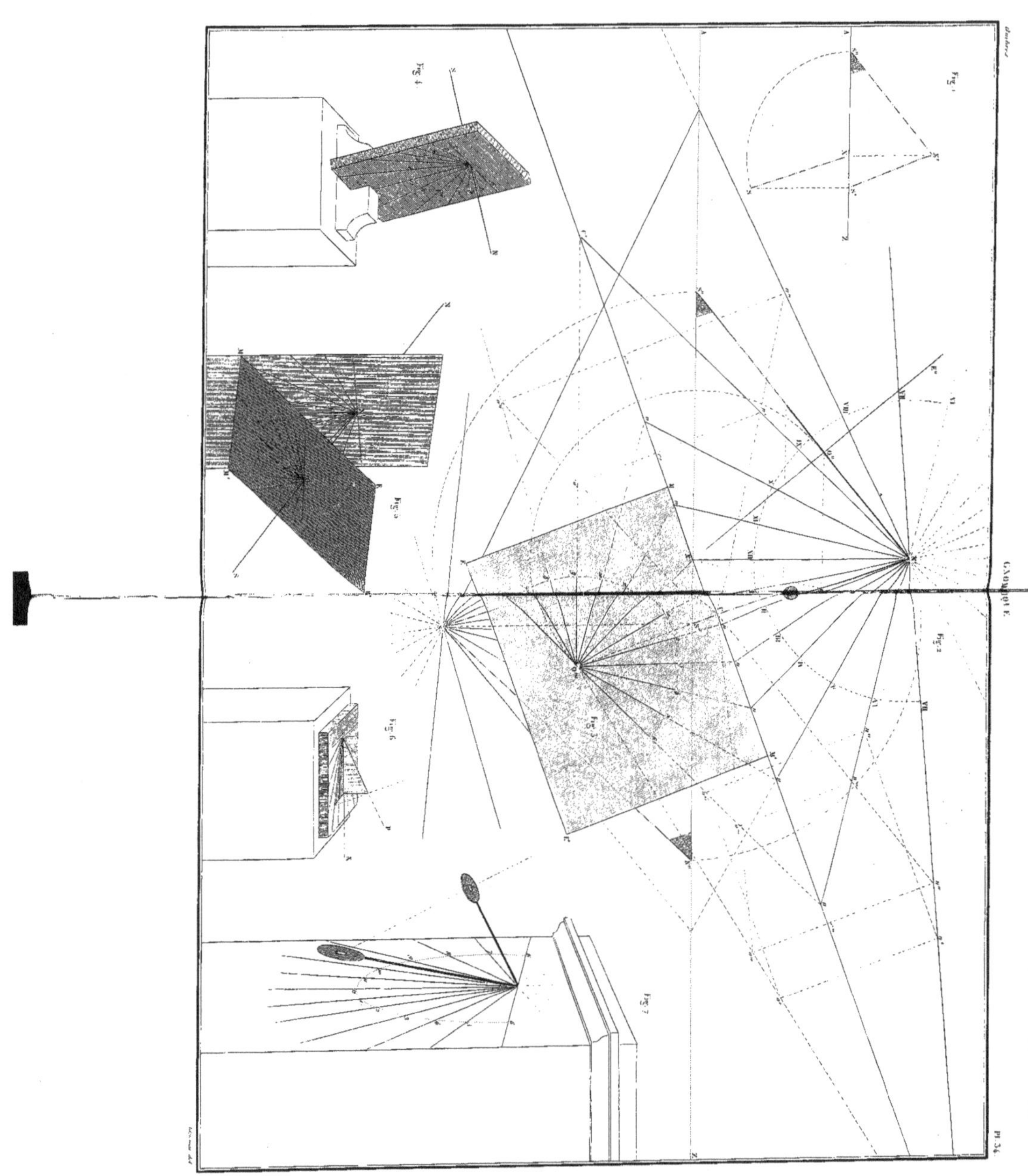

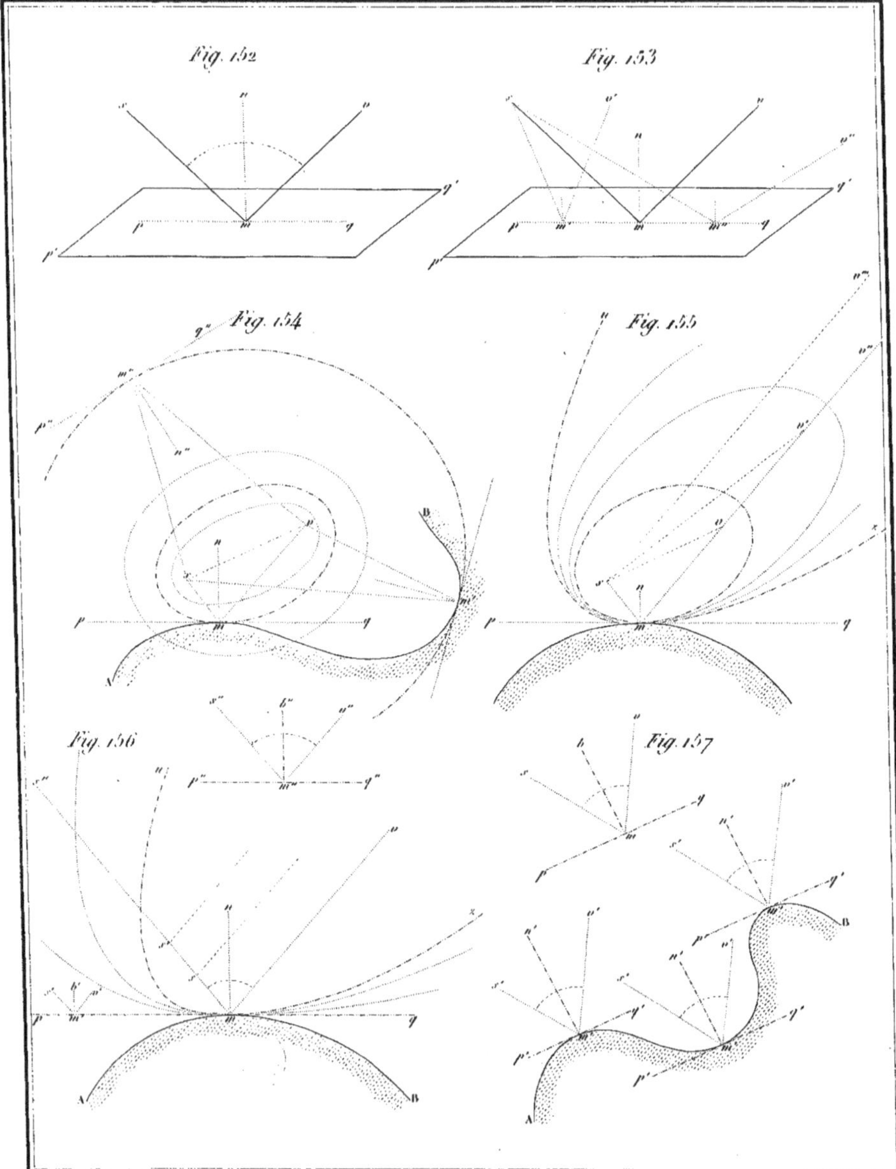

Fig. 152
Fig. 153
Fig. 154
Fig. 155
Fig. 156
Fig. 157

Points brillants.

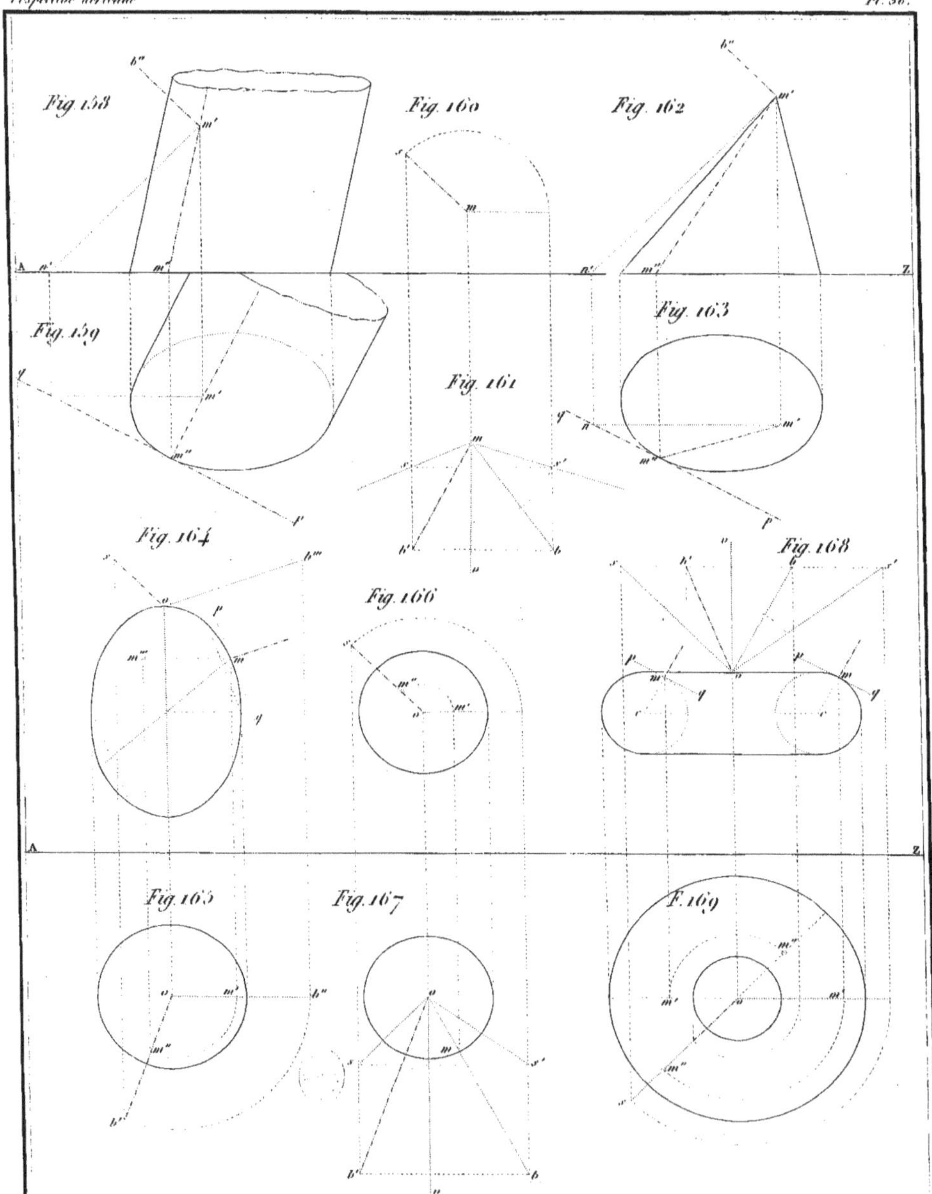

Points brillants.

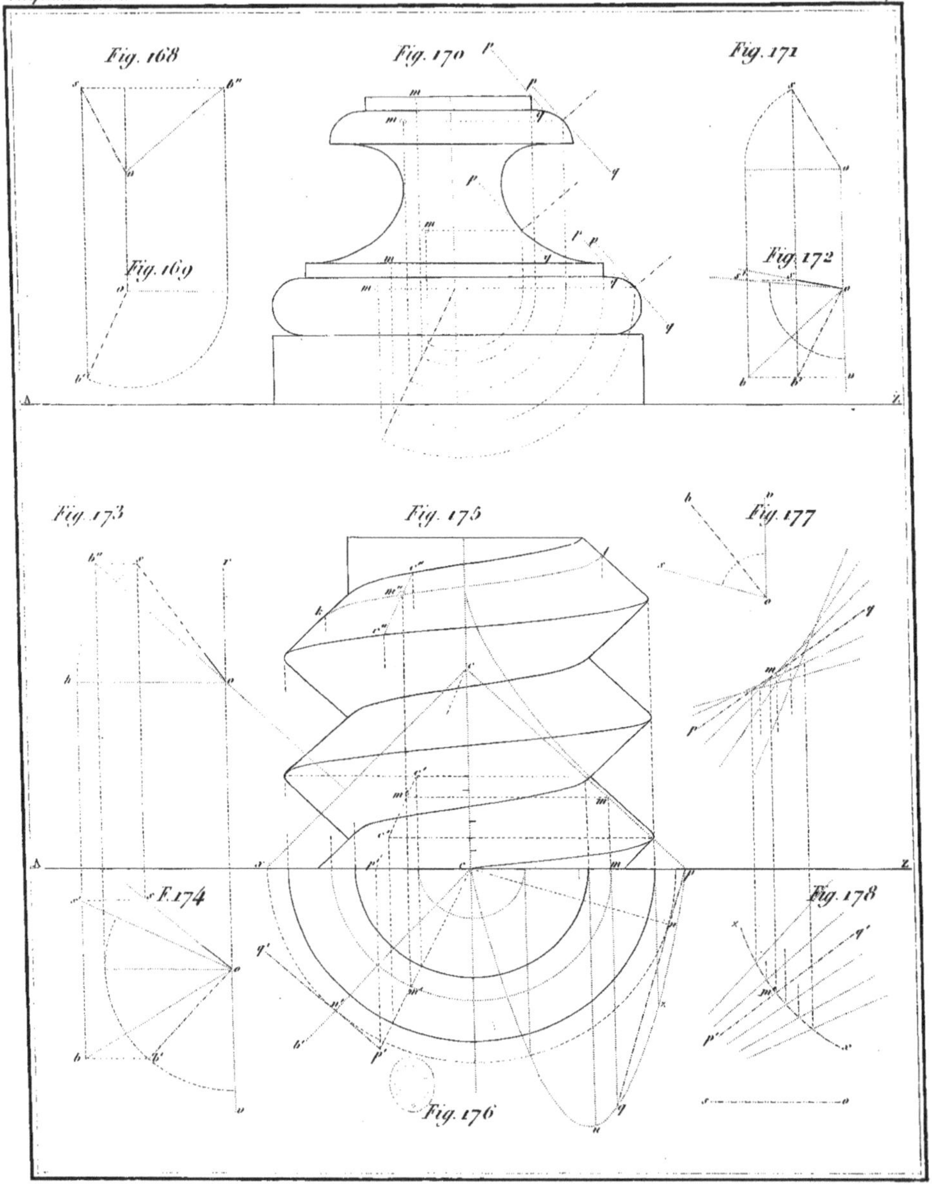

Fig. 168

Fig. 170

Fig. 171

Fig. 169

Fig. 172

Fig. 173

Fig. 175

Fig. 177

Fig. 174

Fig. 176

Fig. 178

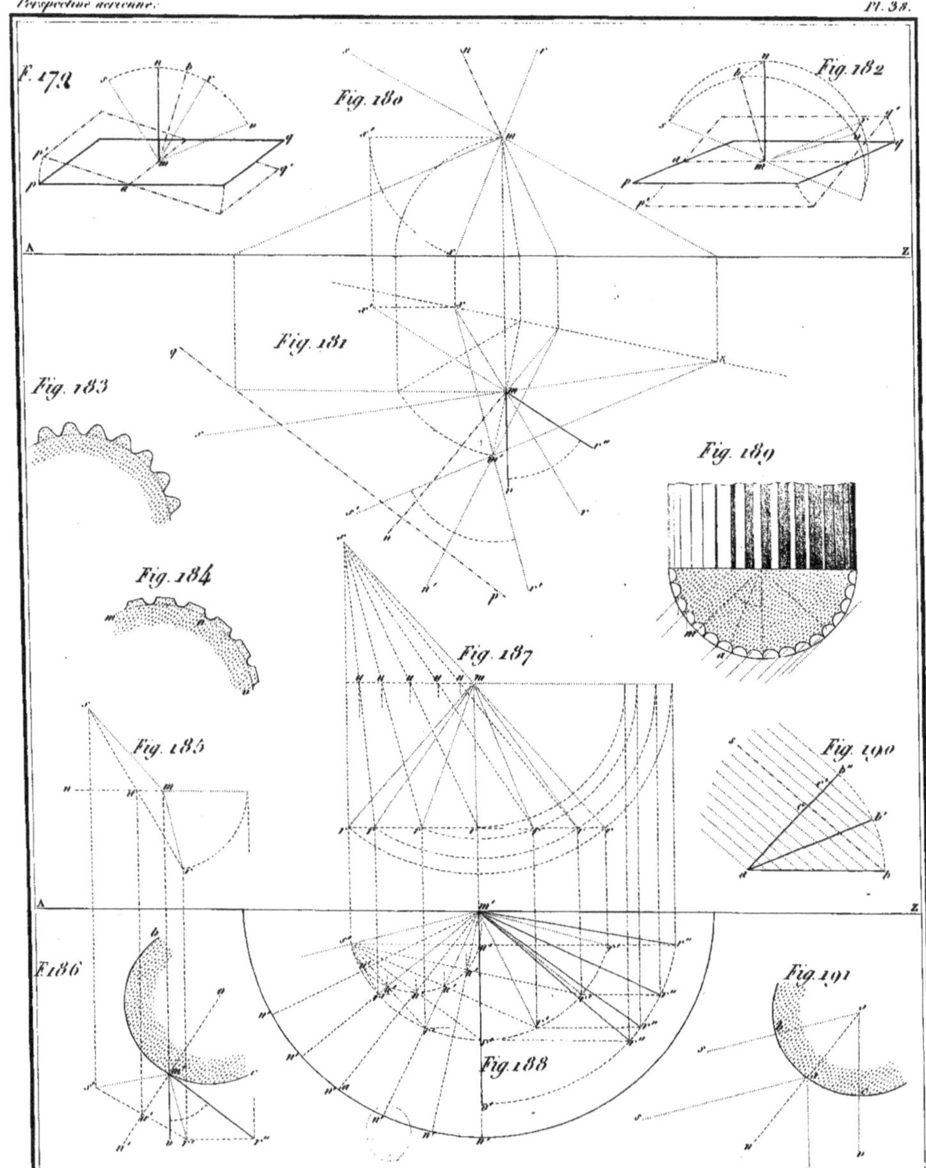

Fig. 179
Fig. 180
Fig. 181
Fig. 182
Fig. 183
Fig. 184
Fig. 185
Fig. 186
Fig. 187
Fig. 188
Fig. 189
Fig. 190
Fig. 191

F. 192

F. 195

F. 197

F. 200

Fig. 193

Fig. 198

F. 196

F. 201

F. 194

F. 199

Fig. 202

Fig. 204

Fig. 203

Fig. 205

Fig. 206

F. 208

F. 209

F. 210

Fig. 207

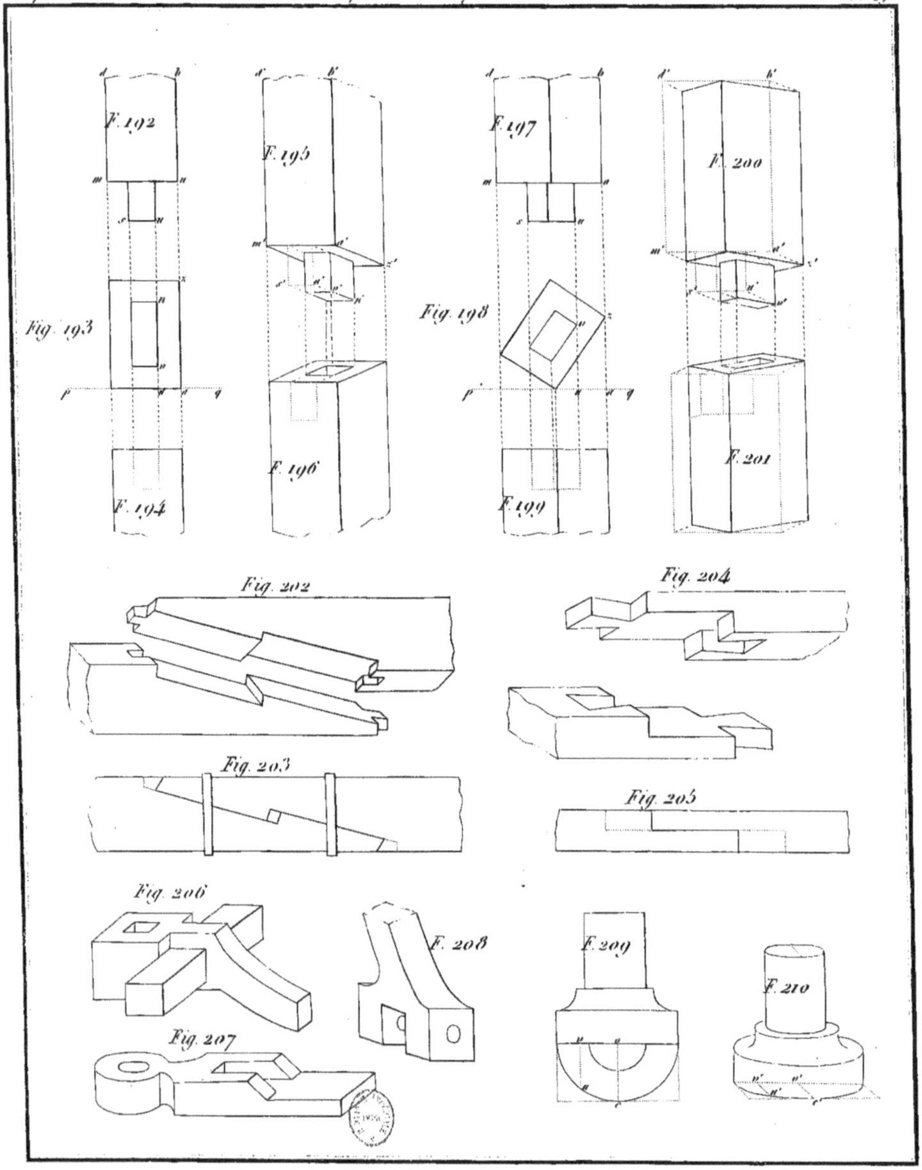

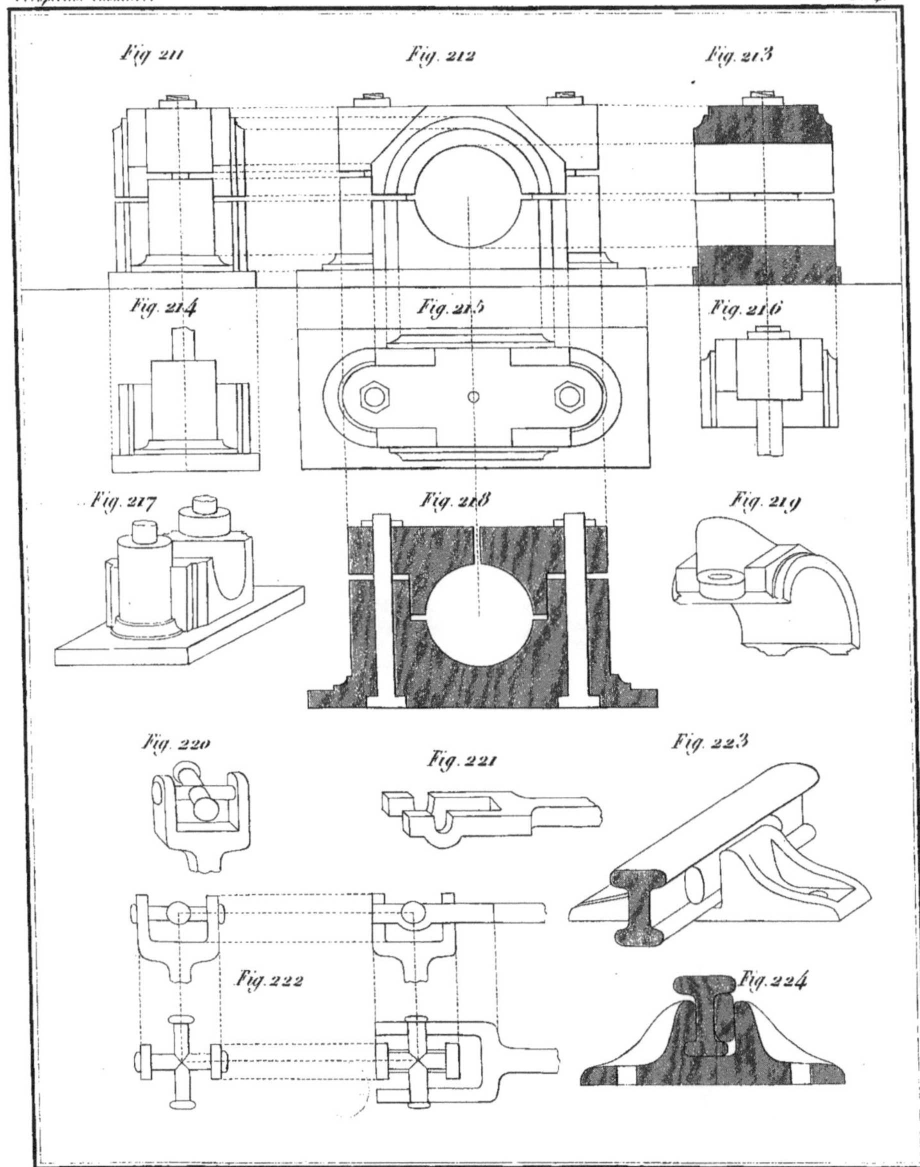
Fig. 211
Fig. 212
Fig. 213
Fig. 214
Fig. 215
Fig. 216
Fig. 217
Fig. 218
Fig. 219
Fig. 220
Fig. 221
Fig. 223
Fig. 222
Fig. 224

Perspective cavalière
Fig. 1.
Fig. 2.
Fig. 3.
Fig. 4.
Fig. 5.
Fig. 6.
Fig. 7.
Fig. 8.
Fig. 9.
Fig. 10.
Fig. 11.
Fig. 12.
Fig. 13.
Fig. 14.
Fig. 15.
Fig. 16.
Fig. 17.
Fig. 18.

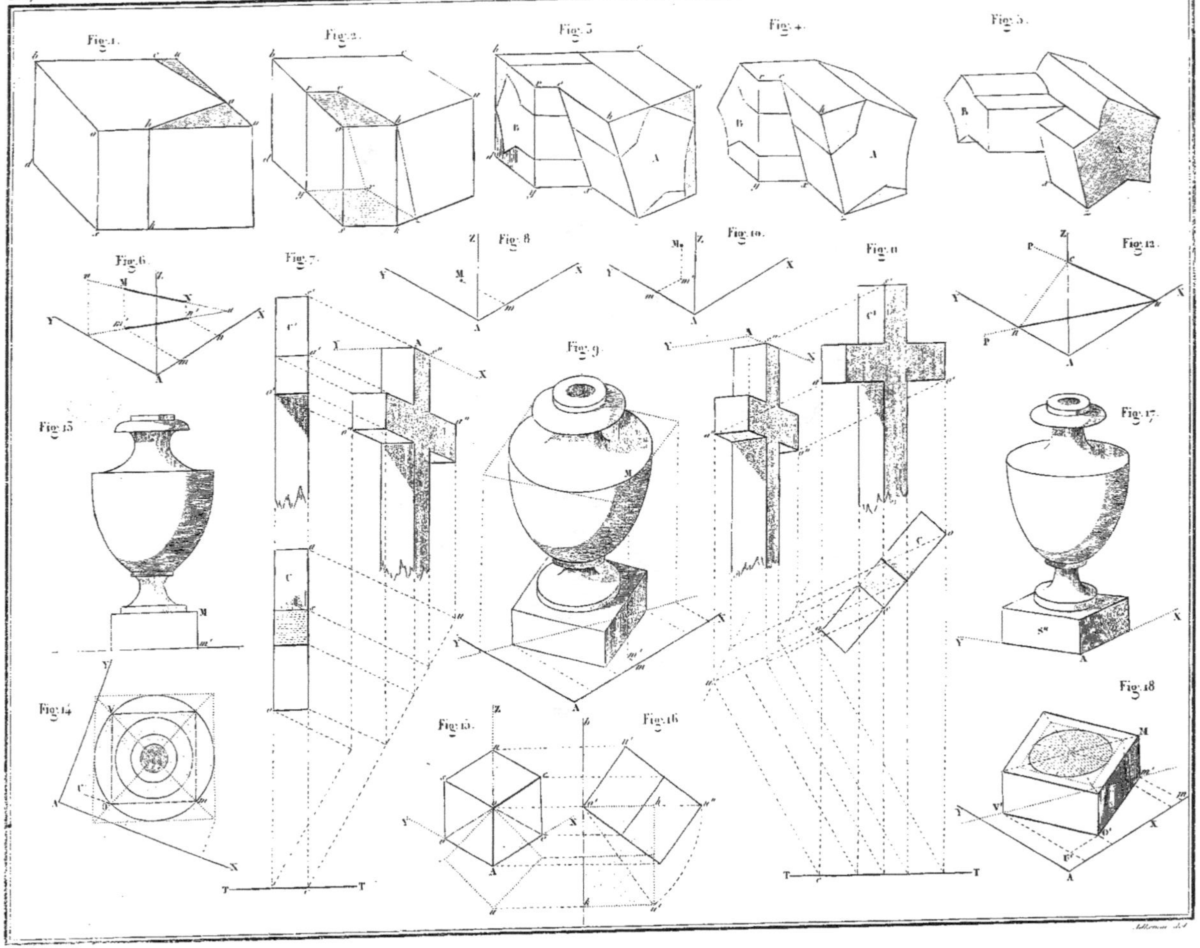

Contraste insuffisant

NF Z 43-120-14

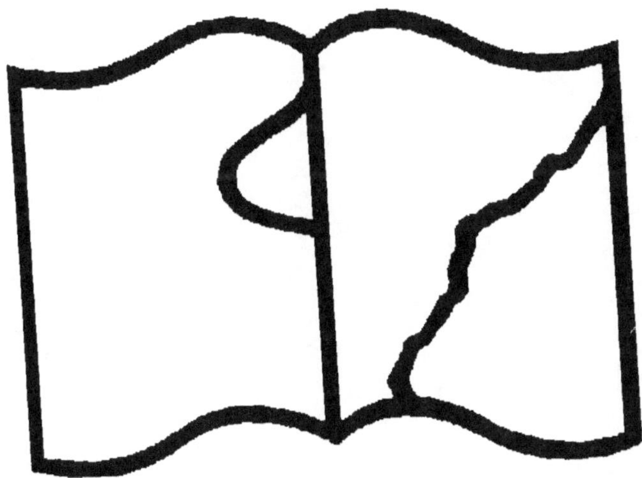

Texte détérioré - reliure défectueuse
NF Z 43-120-11